어션영어의 진짜 기초 영어
어션영어의 진짜 기초 영어 파닉스편
가장 쉬운 독학 일본어 첫걸음
가장 쉬운 독학 중국어 첫걸음
가장 쉬운 독학 프랑스어 첫걸음
가장 쉬운 독학 독일어 첫걸음
가장 쉬운 독학 태국어 첫걸음
가장 쉬운 독학 스페인어 첫걸음
가장 쉬운 독학 베트남어 첫걸음
JLPT 일본어 능력시험
新HSK 한 권이면 끝!
가장 쉬운 초등 영어 읽기
가장 쉬운 초등 필수 파닉스

일본어뱅크

귀와 입이 저절로 열리는

감바레 일본어

문선희 · 임만호 · 유창석 지음

STEP 2

동양북스

귀와 입이 저절로 열리는

감바레 일본어 2

がんばれ

개정 18쇄 | 2025년 8월 25일

지은이 | 문선희, 임만호, 유창석
발행인 | 김태웅
책임 편집 | 길혜진, 이서인
디자인 | 김지혜, 강재은
일러스트 | 배현혜
마케팅 총괄 | 김철영
온라인 마케팅 | 신아연
제　작 | 현대순

발행처 | 동양북스
등　록 | 제 2014-000055호
주　소 | 서울시 마포구 동교로22길 14 (04030)
구입 문의 | 전화 (02)337-1737　　팩스 (02)334-6624
내용 문의 | 전화 (02)337-1762　　dymg98@naver.com

ISBN 978-89-969938-9-6 14730
978-89-8300-999-9 14730(세트)

머리말

일본어 교육에 종사하면서 많은 학습자들을 만나왔습니다. 현재도 학생들에게 일본어를 쉽고 유익하게 전달할 수 있도록 교육현장에서 가르치는 한편, 학생들이 실전에서 자주 쓰이는 일본어를 자연스럽게 습득해 나갈 수 있도록 끊임없이 연구하며 노력하고 있습니다.

본 책은 이제까지 나와 있는 교재들과는 차별화하기 위해 여러 가지로 고민하고 구상한 끝에 만들어진 교재입니다. 처음으로 일본어를 배우게 되었을 때를 떠올리며 그 당시 히라가나도 전혀 모르면서 어려웠던 점이나 쉽게 받아들였던 점들을 정리하여, 이 책을 공부하는 학습자들이 쉽게 접근할 수 있도록 학습 내용을 반영하려고 많은 노력을 기울였습니다.

실제 회화에서 쓰이는 회화체 표현을 배우려면 사실상 문법을 어느 정도 공부한 후에 배우는 게 기존 교재의 학습 방식이었습니다. 하지만 본 교재는 기존 방식과는 달리, 초급책이라 하더라도 초반부터 회화체 느낌을 살려서 자연스러운 회화를 구사할 수 있도록 하였습니다.

전체적인 구성을 설명하면, 문형 설명 다음에는 「말해 봅시다」「읽어 봅시다」「써 봅시다」「들어 봅시다」의 순서대로 구성하였습니다. 문형 설명 부분에서는 문법 중간 중간 저자의 Tip을 통해 학습자들이 참고할 만한 사항을 정리해 두었습니다. 특히, 「말해 봅시다」에서는 다양한 예문을 통해 초급단계부터 단계별로 회화를 시도할 수 있도록 하였습니다. 그리고 「읽어 봅시다」 부분은 학습자가 어느 부분에서 끊어 읽어야 할지 표시를 해 둠으로서 쉽게 읽어나갈 수 있도록 하였고, 아래부분에서는 실제 띄어쓰기가 없는 일본어 지문 연습 부분을 추가하여 후리가나 없이 읽는 훈련을 할 수 있도록 하였습니다. 「한자 연습」 부분에서는 KEY WORD에 나오는 한자 중 3개를 선택해서 그 안에 주요 한자에 대한 음독과 훈독, 응용단어들을 참고할 수 있도록 넣었습니다. 그리고 주요 한자와 가타카나 단어를 써 볼 수 있는 공간도 마련하였습니다.

이 책은 초급단계부터 자신감을 갖고 다음 단계로 올라갈 수 있도록 도움을 줄 수 있는 책이라고 자부할 수 있습니다. 따라서 학습자 여러분 역시 상황에 맞는 일본어 표현과 문법을 자연스럽게 받아들일 수 있을 것입니다. 일본어를 이제 막 시작한 학습자들에게 유용한 길잡이가 될 수 있는 교재가 되기를 바랍니다.

마지막으로 이 책을 완성할 수 있도록 원동력이 되어 준 사랑하는 나의 학생들과 끝까지 응원하고 지지해 주신 사랑하는 가족, 그리고 이 책이 완성될 수 있도록 힘써 주신 동양북스 관계자분들과 일본어 편집부에게 진심으로 감사드립니다.

이 책의 구성

시작

과의 주요 문형을 음성과 함께 제시했습니다. 그리고 KEY WORD에서는 말하기에 바로 도움이 될 만한 단어를 모아 어휘력을 키울 수 있도록 하였습니다. 그림과 음성으로 반복 연습을 하면 학습에 효과적입니다.

会話 회화

본문의 내용 파악이 쉽도록 그림과 함께 회화 본문을 제시했습니다. 본문은 바로 쓸 수 있는 회화 표현을 중심으로 구성했습니다. 또한, 해당 문법에는 색을 넣어 표시했으며, 기억해 두면 도움이 되는 팁도 함께 실었습니다.

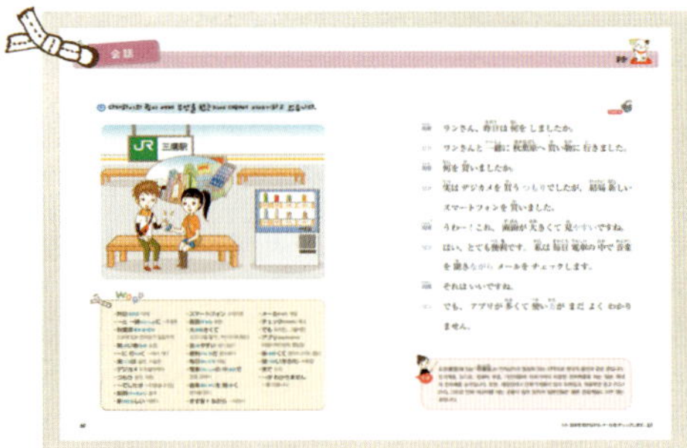

文法まとめ 문법 정리

회화 본문에 나온 주요 문법 사항을 다양한 예문과 함께 실었습니다. 또한 해당 문법에는 색을 넣어 표시했으며, 기억해 두면 도움이 되는 팁도 실었습니다.
★는 예외를 뜻합니다.

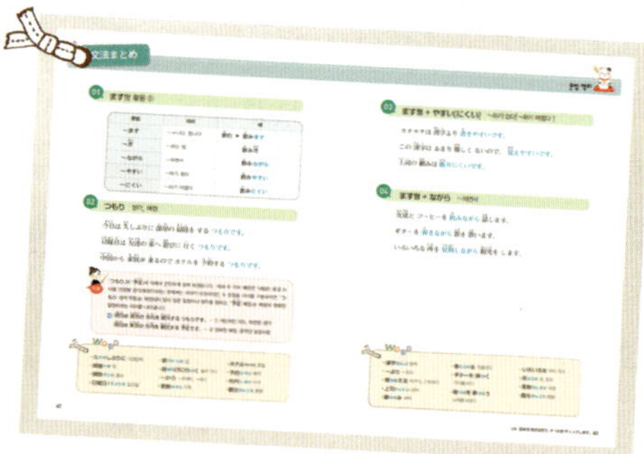

話してみましょう 말해 봅시다

문형 연습이나 자유 응답 연습을 포함한 말하기 연습입니다. 그림을 보고 자유롭게 말하기 연습을 해 보시기 바랍니다.

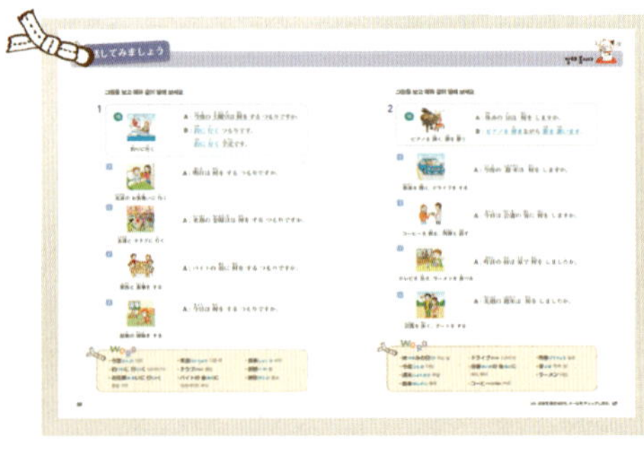

読んでみましょう 읽어 봅시다

읽기1에서는 거침없는 말하기 능력을 키우기 위해 우선 문장을 마디로 나눠서 잘 듣고 천천히 읽는 연습을 하도록 구성하였습니다. 읽기2에서는 한 단계 나아가 실제 일본어와 비슷하게 띄어쓰기와 한자 읽기가 없는 글로 속도를 내서 읽는 연습을 하도록 구성하였습니다.

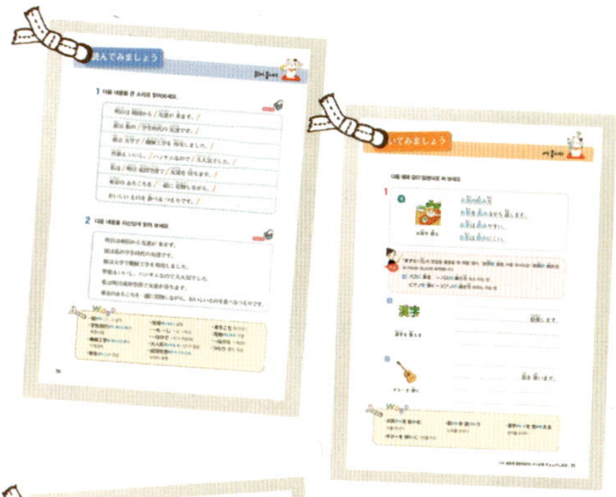

書いてみましょう 써 봅시다

주요 문법을 실제로 써 보는 쓰기 연습입니다. 내용 파악을 돕기 위해 그림과 함께 구성했습니다.

聞いてみましょう 들어 봅시다

받아쓰기와 JPT, JLPT시험 대비를 위한 즉시응답 형식의 듣기 문제를 실었습니다.

漢字・カタカナ練習 한자 · 가타카나 연습

본 과에 나오는 주요 한자와 가타카나 단어를 직접 써 보면서 연습할 수 있도록 구성하였습니다.

会話復習 회화 복습

회화에 나오는 상황을 만화로 재미있게 구성했습니다. 회화 음성을 다시 들으면서 복습하면 더 효과적입니다.

부록

회화, 읽어 봅시다의 한국어 해석, 써 봅시다, 들어 봅시다의 정답과 청취 스크립트를 수록했습니다.

MP3 CD, 워크북(별책), 플래시 카드

KEYWORD, 회화 본문, 읽어 봅시다, 들어 봅시다를 녹음한 MP3 CD와 KEYWORD, 주요 문법 활용, 써 봅시다, 한자 · 가타카나 연습을 직접 할 수 있는 워크북(별책)을 수록했습니다. 단어 암기용 플래시카드(PDF)는 http://www.dongyangbooks.com에서 내려받을 수 있습니다.

차례

부록

플래시 카드(PDF) 다운로드 방법

ⓐ 동양북스 홈페이지(www.dongyangbooks.com)에 접속합니다.
ⓑ 홈페이지 상단의 MP3&자료실에 접속하여 도서명 '감바레' 입력 후 검색합니다.
ⓒ 검색된 목록의 제목을 선택하여 플래시 카드 PDF 파일을 다운로드 합니다.
ⓓ 스마트폰과 PC를 데이터 전송용 USB케이블을 이용하여 연결합니다.
ⓔ 다운로드 받은 PDF 파일을 스마트폰으로 복사합니다.

이 책의 학습 구성표

과	과 제목	학습 목표	문법 및 표현
1과	**何か 予定が ありますか。** 뭔가 예정이 있습니까?	ます형 활용③ 문법을 이해하고 회화에 적용하여 물어보거나 대답할 수 있다.	01 ます형 활용③ 02 「で」의 쓰임 03 ～ましょう　～합시다 04 ～ましょうか　～할까요? 05 ～ませんか　～하지 않겠습니까? 06 ～という　～라고 하는
2과	**趣味は 何ですか。** 취미는 무엇입니까?	ます형 활용④ 문법을 이해하고 문장을 응용해서 취미와 희망사항 등에 대해 물어보거나 대답할 수 있다.	01 ます형 활용④ 02 동사 기본형 ＋ こと　～하는 것 03 ます형 + たい(です)　～하고 싶다(싶습니다) 04 동작성 명사 ＋ に 行く(来る)　～하러 가다(오다) 05 ます형 ＋ に 行く　～하러 가다 ます형 ＋ に 行きたいです　～하러 가고 싶습니다
3과	**音楽を 聞きながら メールを チェック します。** 음악을 들으면서 메일을 체크합니다.	ます형 활용⑤ 문법을 이해하고 일상회화에 적용하여 물어보거나 대답할 수 있다.	01 ます형 활용⑤ 02 つもり　생각, 예정 03 ます형 ＋ やすい[にくい]　～하기 쉽다[～하기 어렵다] 04 ます형 ＋ ながら　～하면서 05 ～方　～하는 법 06 ～が わかる　～을/를 알다 〈ます형 활용 복습〉

과	과 제목	학습 목표	문법 및 표현
4과	**日本語が 上手に なりたいです。** 일본어를 잘하고 싶습니다.	「～に なる, ～く なる」 문법을 이해하고 자신의 생각과 희망을 일본어로 말할 수 있다.	01 ～に なる, ～く なる 용법 02 「の」의 쓰임 03 ～と 思います ~라고 생각합니다 04 ～に なりたい ~이(가) 되고 싶다
5과	**場所を 教えて ください。** 장소를 가르쳐 주세요.	동사의 て형 문법을 이해하고 회화에 적용하여 문장을 연결시켜 물어보거나 대답할 수 있다.	01 동사의 て형 02 て형 활용 문법 I (「～て います(~하고 있습니다)」, 「～て ください(~해 주세요)」, 「～てから(~하고 나서)」, 「～て みる(~해 보다)」 03 ～て います ~하고 있습니다 04 ～に 通う ~에 다니다 05 ～てから ~하고 나서 06 週に 1回 1주일에 한 번 07 ～て みたい(です) ~해 보고 싶다(싶습니다) 08 ～て ください ~해 주세요
6과	**どこに 住んで いますか。** 어디에 살고 있습니까?	「～て いる」, 「～て います」의 상태 용법을 이해하고 날씨, 상태, 착용 등에 적용하여 물어보거나 대답할 수 있다.	01 「～て いる」, 「～て います」의 상태 용법 1. 자연현상 2. 상태 3. 착용 02 だけ/しか ~만, ~뿐/~밖에 03 ～から ~이니까, ~이기 때문에 (접속조사)

이 책의 학습 구성표

과	과 제목	학습 목표	문법 및 표현
7과	毎日(まいにち) 来(き)ても いい ですか。 매일 와도 됩니까?	「~ても いいです, ~ては いけません」 문법을 이해하고 그 외의 문법을 응용하여 회화로 연결시킬 수 있다.	01 ~(な)のに　~인데도 02 ~でしょう　~(이)죠? (확인, 동의) / ~이겠죠 (추측) 03 ~かも しれません　~일지도 모릅니다 04 ~ても いいです　~해도 됩니다 ~ては いけません　~해서는 안 됩니다
8과	授業(じゅぎょう)に 遅(おく)れて しまいました。 수업에 늦어버렸습니다.	ます형과 て형의 응용 용법을 이해하고 회화에 적용하여 물어보거나 대답할 수 있다.	01 ~すぎる　너무 ~하다 02 ~て ばかり います　~하고만 있습니다 03 ~て しまう　~해 버리다 ~て しまいました　~해 버렸습니다 04 ~けど　~이지만, ~인데 05 ~なさい　~하세요, ~하시오 * 이제까지 배운 ます형 활용 총정리
9과	日本(にほん)の 温泉(おんせん)へ 行(い)った ことが ありますか。 일본의 온천에 간 적이 있습니까?	동사의 た형 문법을 이해하고 회화에 적용하여 과거형 문법을 활용한 경험, 조언 등의 문장을 말하고 대답할 수 있다.	01 동사의 た형 02 た형 활용 문법 (「~た ことが あります(~한 적이 있습니다)」, 「~た 方(ほう)が いいです(~하는 편이 낫습니다)」, 「~た ばかりです(~한지 얼마 안 됐습니다)」, 「~た＋명사(~한＋명사)」) 03 た형 활용 연습 04 ~た 時(とき)　~했을 때 05 ~た ことが ありますか　~한 적이 있습니까? 06 ~た ばかりです　~한지 얼마 안 됐습니다, 이제 막 ~했습니다 07 ~た 方(ほう)が いいです　~하는 편이 좋습니다(낫습니다)

과	과 제목	학습 목표	문법 및 표현
10과	音楽(おんがく)を 聞(き)いたり 運動(うんどう)を したり します。 음악을 듣거나 운동을 하거나 합니다.	동사의 たり형 문법을 이해하고 여가시간에 무엇을 하는지, 제 3자의 희망 표현을 익히고 회화에 적용하여 말하거나 대답할 수 있다.	01 동사의 たり형 02 ~たり ~たり する ~하기도 하고 ~하기도 하다 03 たり형 활용 연습 04 たり형 & たら형 05 ます형 + はじめる ~하기 시작하다 06 ~たがって います ~하고 싶어 합니다 * い형용사와 たい형 활용 비교
11과	運転(うんてん)が できません。 운전을 못 합니다.	동사의 가능형 문법을 이해하고 활용연습을 통해, 가능과 불가능의 문장을 말할 수 있다.	01 동사의 가능형 02 가능형 활용 연습 03 ~が できる ~을/를 할 수 있다 04 なかなか ① 꽤, 제법 ② 좀처럼 (뒤에 부정문이 오는 경우)
12과	好(す)きだと 告白(こくはく)したんだ。 좋아한다고 고백했어.	「~んだ(~んです)」의 현재형, 과거형을 이해하고 말할 수 있으며, 기타 문법을 이해하고 회화에 함께 적용하여 자연스러운 회화체 표현을 구사할 수 있다.	01 ~んだ(~んです)의 현재형 ~인 거다(한 거다)/~이거든요(하거든요) 02 ~んだ(~んです)의 과거형 ~였다(했다)/~였거든요(했거든요) 03 ~(な)のに ~인데도 04 ~の こと ~의 것, ~에 관한 것 05 동사 + の ~하는 거야, ~하는 거예요 06 として ~로서, ~의 자격으로 07 ~な ~이군, ~인데

등장인물 소개

김세민 (キム·セミン)

일본 도쿄에 있는 대학교의 유학생 센터에서 일본어를 배우는 한국인 학생. 24세. 유키가 다니는 회사에서 아르바이트를 하고 있다.

이하나 (イ·ハナ)

세민이와 같은 대학교에서 미술을 전공하는 한국인 학생. 23세. 세민이와는 유학생 모임에서 만난 사이

야마시타 유키 (山下(やました) 雪(ゆき))

도쿄에 사는 회사원. 26세. 직장에 세민이가 아르바이트생으로 들어온 후부터 세민이를 통해 여러 외국인 친구를 사귀게 된다.

다카하시 준 (高橋(たかはし) 準(じゅん))

하나와 같은 과에 다니는 일본인 학생. 21세. 학교의 유학생 교류 모임에서 링과 다니엘을 만나게 된다.

링 (リン)

세민이와 같은 유학생 센터에 다니는 중국인 학생. 23세

다니엘 (ダニエル)

세민이와 같은 유학생 센터에 다니는 미국인 유학생. 27세

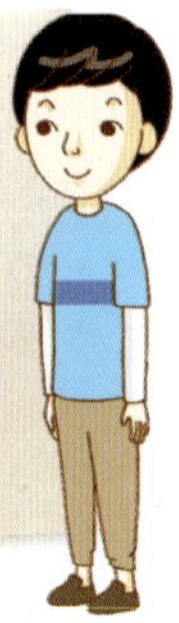

칭 (チン)

유키의 회사에서 아르바이트를 하는 중국인 학생. 세민이와 같은 유학생 센터에 다니고 있다. 24세

가와세 하루카 (川瀬春香(かわせはるか))

준과 어렸을 때부터 친구인 일본 여대생. 드라마나 영화, 패션에 관심이 많다. 21세

복습

かく　にん

確認してみましょう。

확인해 봅시다.

들어가기 전에

STEP2에 들어가기에 앞서 STEP1에서 학습한 내용들을 복습하는 과정을 통해 전체적인 정리를 해 두는 것이 좋습니다.

STEP1에서는 히라가나와 가타카나 문자와 발음을 익히고 자기 소개, 지시 대명사, 시간 표현, 숫자 표현, 날짜 표현을 비롯한 기초 지식과 함께 **い**형용사, **な**형용사, 위치 명사, 가족 관계 및 조수사를 익히고 본격적인 동사 활용에 앞서 활용 첫단계인 동사의 분류 및 **ます**형(정중체)을 학습하였습니다.

STEP1에서 배운 기초지식을 바탕으로 자연스럽게 STEP2에서 회화로 활용할 수 있도록 학습한 문법과 대표적인 예문, 그리고 이제까지 배운 조사들을 정리해보도록 하겠습니다.

復習

01 인칭대명사

1인칭	私(わたし) 나, 私(わたくし) 저
2인칭	あなた 당신, 君(きみ) 너
3인칭	彼(かれ) 그, 彼女(かのじょ) 그녀
＊誰(だれ) 누구	

02 자기 소개

A：はじめまして。私(わたし)は 山下雪(やましたゆき)です。 처음 뵙겠습니다. 저는 야마시타 유키입니다.

B：どうぞ よろしく お願(ねが)いします。 잘 부탁합니다.

03 명사は 명사です/じゃ ありません ~은(는) ~입니다/~이(가) 아닙니다

Tip じゃ ありません = では ありません = じゃ ないです

山下(やました)さんは 会社員(かいしゃいん)です。 야마시타 씨는 회사원입니다.

キムさんは 会社員(かいしゃいん)じゃ ありません。 김 씨는 회사원이 아닙니다.

04 지시 대명사

	근칭	중칭	원칭	부정칭
사물	これ 이것	それ 그것	あれ 저것	どれ 어느 것
명사 수식	この 이	その 그	あの 저	どの 어느

	근칭	중칭	원칭	부정칭
장 소	ここ 여기	そこ 거기	あそこ 저기	どこ 어디
방 향	こちら 이쪽	そちら 그쪽	あちら 저쪽	どちら 어느 쪽

05 시간 표현

1時	いちじ	7時	しちじ
2時	にじ	8時	はちじ
3時	さんじ	9時	くじ
4時	よじ	10時	じゅうじ
5時	ごじ	11時	じゅういちじ
6時	ろくじ	12時	じゅうにじ

何時　なんじ 몇 시

1分	いっぷん	6分	ろっぷん
2分	にふん	7分	ななふん
3分	さんぷん	8分	はっぷん
4分	よんぷん	9分	きゅうふん
5分	ごふん	10分	じゅっぷん

何分　なんぷん 몇 분

復習

06 숫자 읽기

1 いち	10 じゅう	100 ひゃく	1,000 せん	10,000 いちまん
2 に	20 にじゅう	200 にひゃく	2,000 にせん	20,000 にまん
3 さん	30 さんじゅう	300 さんびゃく	3,000 さんぜん	30,000 さんまん
4 よん・し	40 よんじゅう	400 よんひゃく	4,000 よんせん	40,000 よんまん
5 ご	50 ごじゅう	500 ごひゃく	5,000 ごせん	50,000 ごまん
6 ろく	60 ろくじゅう	600 ろっぴゃく	6,000 ろくせん	60,000 ろくまん
7 なな・しち	70 ななじゅう	700 ななひゃく	7,000 ななせん	70,000 ななまん
8 はち	80 はちじゅう	800 はっぴゃく	8,000 はっせん	80,000 はちまん
9 きゅう・く	90 きゅうじゅう	900 きゅうひゃく	9,000 きゅうせん	90,000 きゅうまん
10 じゅう	100 ひゃく	1000 せん	10,000 いちまん	100,000 じゅうまん

07 날짜 표현

1. 日付(ひづけ) 날짜

6

日	月	火	水	木	金	土
					1	2
3	4	5	6	7	8	9
10	11	12	13	14	15	16
17	18	19	20	21	22	23
24	25	26	27	28	29	30

7

8

日	月	火	水	木	金	土
			1	2	3	4
5	6	7	8	9	10	11
12	13	14	15	16	17	18
19	20	21	22	23	24	25
26	27	28	29	30	31	

日曜日(にちようび)	月曜日(げつようび)	火曜日(かようび)	水曜日(すいようび)	木曜日(もくようび)	金曜日(きんようび)	土曜日(どようび)
1 ついたち	2 ふつか	3 みっか	4 よっか	5 いつか	6 むいか	7 なのか
8 ようか	9 ここのか	10 とおか	11 じゅういちにち	12 じゅうににち	13 じゅうさんにち	14 じゅうよっか
15 じゅうごにち	16 じゅうろくにち	17 じゅうしちにち	18 じゅうはちにち	19 じゅうくにち	20 はつか	21 にじゅういちにち
22 にじゅうににち	23 にじゅうさんにち	24 にじゅうよっか	25 にじゅうごにち	26 にじゅうろくにち	27 にじゅうしちにち	28 にじゅうはちにち
29 にじゅうくにち	30 さんじゅうにち	31 さんじゅういちにち	何日 なんにち 며칠	何曜日 なんようび 무슨 요일		

2. ～年 ～년

(年: ねん)

1年 いちねん	2年 にねん	3年 さんねん	4年 よねん	5年 ごねん	6年 ろくねん
7年 ななねん	8年 はちねん	9年 きゅうねん	10年 じゅうねん	11年 じゅういちねん	12年 じゅうにねん
何年 なんねん 몇 년					

3. ～月 ～월

(月: がつ)

1月 いちがつ	2月 にがつ	3月 さんがつ	4月 しがつ	5月 ごがつ	6月 ろくがつ
7月 しちがつ	8月 はちがつ	9月 くがつ	10月 じゅうがつ	11月 じゅういちがつ	12月 じゅうにがつ
何月 なんがつ 몇 월					

4. 시제 관련 표현

一昨日 おととい 그저께	昨日 きのう 어제	今日 きょう 오늘	明日 あした 내일	明後日 あさって 모레
先々週 せんせんしゅう 지지난주	先週 せんしゅう 지난주	今週 こんしゅう 이번 주	来週 らいしゅう 다음 주	再来週 さらいしゅう 다음다음 주

08 い형용사

1. い형용사의 활용

종류	활용	예
기본형	～い	おいしい 맛있다
정중형	～い＋です	おいしいです 맛있습니다
명사 수식형	～い＋명사	おいしい りんご 맛있는 사과
과거형	～い＋かったです	おいしかったです 맛있었습니다
부정형	～い＋く ありません く ないです	おいしく ありません 맛있지 않습니다 おいしく ないです
과거 부정형	～い＋く ありませんでした く なかったです	おいしく ありませんでした 맛있지 않았습니다 おいしく なかったです
부사형	～い＋く	おいしく 맛있게
연결형	～い＋くて	おいしくて 맛있고, 맛있어서

2. いい/よい(좋다)의 활용

과거형	よかったです (○)	いかったです (×)
부정형	よく ありません (○) ＝ よく ないです (○)	いく ありません (×) ＝ いく ないです (×)
과거 부정형	よく ありませんでした (○) ＝ よく なかったです (○)	いく ありませんでした (×) ＝ いく なかったです (×)
부사형	よく (○)	いく (×)
연결형	よくて (○)	いくて (×)

復習

09 な형용사의 활용

종류	활용	예
기본형	～だ	まじめだ 성실하다
정중형	～だ＋です	まじめです 성실합니다
명사 수식형	～だ → な＋명사	まじめな 学生(がくせい) 성실한 학생
과거형	～だ＋でした	まじめでした 성실했습니다
부정형	～だ＋じゃ ありません じゃ ないです	まじめじゃ ありません 성실하지 않습니다 まじめじゃ ないです
과거 부정형	～だ＋じゃ ありませんでした じゃ なかったです	まじめじゃ ありませんでした 성실하지 않았습니다 まじめじゃ なかったです
부사형	～だ＋に	まじめに 성실하게
연결형	～だ＋で	まじめで 성실하고, 성실해서

10 あります・います 있습니다

	있습니다	없습니다
사물 · 식물	あります	ありません
사람 · 동물	います	いません

Tip

「どこに ありますか / どこに いますか(어디에 있습니까?)」＝「どこですか」

11 위치를 나타내는 명사

上(うえ)	下(した)	中(なか)	外(そと)
위	아래	안	밖

前(まえ)	後(うし)ろ	右(みぎ)	左(ひだり)
앞	뒤	오른쪽	왼쪽

横(よこ)	隣(となり)	そば	向(む)かい
옆	옆	근처	맞은편

復習

12 가족 관계

	나의 가족	상대의 가족
할아버지	祖父(そふ)	おじいさん
할머니	祖母(そぼ)	おばあさん
아버지	父(ちち)	お父(とう)さん
어머니	母(はは)	お母(かあ)さん
형, 오빠	兄(あに)	お兄(にい)さん
누나, 언니	姉(あね)	お姉(ねえ)さん
남동생	弟(おとうと)	弟(おとうと)さん
여동생	妹(いもうと)	妹(いもうと)さん
남편	主人(しゅじん) /夫(おっと)	ご主人(しゅじん)
아내	妻(つま)	奥(おく)さん
아들	息子(むすこ)	息子(むすこ)さん
딸	娘(むすめ)	娘(むすめ)さん

A：何人(なんにん)家族(かぞく)ですか。 몇 식구입니까?

B：4人(よにん)家族(かぞく)です。父(ちち)と 母(はは)と 妹(いもうと)と 私(わたし)の 4人(よにん)家族(かぞく)です。
네 식구입니다. 아빠와 엄마와 여동생과 나, 네 식구입니다.

13 조수사

	1人	2人	3人	4人	5人
	ひとり	ふたり	さんにん	よにん	ごにん
～人(にん)	6人	7人	8人	9人	10人
～명	ろくにん	しちにん	はちにん	きゅうにん	じゅうにん

	1つ	2つ	3つ	4つ	5つ
	ひとつ	ふたつ	みっつ	よっつ	いつつ
～つ	6つ	7つ	8つ	9つ	10
～개	むっつ	ななつ	やっつ	ここのつ	とお

	1階	2階	3階	4階	5階
	いっかい	にかい	さんがい	よんかい	ごかい
～階(かい)	6階	7階	8階	9階	10階
～층	ろっかい	ななかい	はっかい	きゅうかい	じゅっかい

	1歳	2歳	3歳	4歳	5歳
	いっさい	にさい	さんさい	よんさい	ごさい
～歳(さい)	6歳	7歳	8歳	9歳	10歳
～살	ろくさい	ななさい	はっさい	きゅうさい	じゅっさい

	1杯	2杯	3杯	4杯	5杯
	いっぱい	にはい	さんばい	よんはい	ごはい
～杯(はい)	6杯	7杯	8杯	9杯	10杯
～잔	ろっぱい	ななはい	はっぱい	きゅうはい	じゅっぱい

復習

14 동사의 ます형

1. 동사 ます형의 활용

1그룹 동사 (5단 동사)	〈u단 → i단 + ます〉 ① る로 끝나되 바로 앞이 a, u, o단인 경우 예 わかる　つくる　のる… k+a　k+u　n+o ② る로 끝나지 않는 모든 동사 （う, く, ぐ, す, つ, ぬ, ぶ, む） 예 会う　行く　話す　飲む… ③ (예외 5단 동사) 형태상 2그룹, 활용은 1그룹 예 帰る　入る　走る　切る…	예 会う → あいます 待つ → まちます 乗る → のります 死ぬ → しにます 飲む → のみます 遊ぶ → あそびます 行く → いきます 話す → はなします ★帰る → かえります
2그룹 동사 (상 1단 동사 하 1단 동사)	る로 끝나되 바로 앞이 i단, e단인 경우 예 見る　食べる　いる　寝る… m+i　b+e　i　n+e	예 見る → みます 食べる → たべます 起きる → おきます 寝る → ねます
3그룹 동사 (カ행 변격 동사 サ행 변격 동사)	来る 오다 → 来ます する 하다 → します	예 来る → きます する → します

2. 동사 ます형의 현재형, 과거형, 부정형, 과거 부정형

[현재형]	～ます	예 飲みます 마십니다
[과거형]	～ました	예 飲みました 마셨습니다
[부정형]	～ません	예 飲みません 안 마십니다
[과거 부정형]	～ませんでした	예 飲みませんでした 안 마셨습니다

★ます형의 현재형은 미래형도 포함합니다.

예 明日、映画を 見ます。내일 영화를 봅니다(볼 겁니다).

15 자주 쓰이는 표현

新聞(しんぶん)を 読(よ)む
신문을 읽다

コーヒーを 飲(の)む
커피를 마시다

会社(かいしゃ)へ 行(い)く
회사에 가다

車(くるま)を 買(か)う
차를 사다

映画(えいが)を 見(み)る
영화를 보다

ご飯(はん)を 食(た)べる
밥을 먹다

友達(ともだち)に 会(あ)う
친구를 만나다

バスに 乗(の)る
버스를 타다

7時(じ)に 起(お)きる
7시에 일어나다

11時(じ)に 寝(ね)る
11시에 자다

家(うち)へ 帰(かえ)る
집에 돌아가다/오다

勉強(べんきょう)を する
공부를 하다

16 조사 정리

조사	예문
① ～は[wa] ～은/는	예 山田(やまだ)さんは 医者(いしゃ)じゃ ありません。 야마다 씨는 의사가 아닙니다.
② ～の ～의, ～의 것	예 それは リンさんの 辞書(じしょ)です。 그것은 링 씨의 사전입니다. この 時計(とけい)は 私(わたし)のです。 이 시계는 제 것입니다.
③ ～も ～도	예 私(わたし)も 英語(えいご)の 先生(せんせい)です。 저도 영어 선생님입니다.
④ ～が ～이/가	예 あの 人(ひと)が 山下(やました)さんですか。 저 사람이 야마시타 씨입니까?
⑤ ～から～まで ～부터 ～까지	예 授業(じゅぎょう)は 何時(なんじ)から 何時(なんじ)までですか。 수업은 몇 시부터 몇 시까지입니까?
⑥ ～と ～와/과	예 高橋(たかはし)さんと 私(わたし)は 友達(ともだち)です。 다카하시 씨와 저는 친구입니다.
⑦ ～より ～보다	예 昨日(きのう)より 寒(さむ)いですね。 어제보다 춥네요.
⑧ ～を ～을/를	예 毎朝(まいあさ) 運動(うんどう)を します。 매일 아침 운동을 합니다.
⑨ ～が 好(す)きだ/嫌(きら)いだ ～을/를 좋아하다/싫어하다 ～が 上手(じょうず)だ/下手(へた)だ ～을/를 잘하다/못하다	예 運動(うんどう)が 好(す)きですか。 운동을 좋아합니까? 日本語(にほんご)が 上手(じょうず)ですね。 일본어를 잘하는군요.
⑩ ～に ～에, ～에게 (장소)에 + 존재 동사 (시간, 날짜, 요일)에 (대상)에게	예 本(ほん)は どこに ありますか。 책은 어디에 있습니까? ７時(しちじ)に 会(あ)います。 7시에 만납니다. 友達(ともだち)に 電話(でんわ)を します。 친구에게 전화를 합니다.
⑪ ～で (장소)에서 (수단, 방법, 도구)로	예 会社(かいしゃ)の 前(まえ)で 待(ま)ちます。 회사 앞에서 기다립니다. 日本語(にほんご)で 話(はな)します。 일본어로 말합니다.
⑫ ～へ[e]＋行(い)く/来(く)る/帰(かえ)る ～에(로) 가다/오다/돌아가(오)다	예 ８時(はちじ)に 学校(がっこう)へ 行(い)きます。 8시에 학교에 갑니다.

1과 何(なに)か 予定(よてい)が ありますか。

뭔가 예정이 있습니까?

Track 01

필수 문장 익히기

土曜日(どようび)に 何(なに)か 予定(よてい)が ありますか。 토요일에 뭔가 예정이 있습니까?

はい、友達(ともだち)と 一緒(いっしょ)に 映画(えいが)を 見(み)ます。 네, 친구와 함께 영화를 봅니다.

KEY WORD

予約(よやく)
예약

予定(よてい)
예정

演劇(えんげき)
연극

作品(さくひん)
작품

試験(しけん)
시험

野球(やきゅう)
야구

ホテル
호텔

チケット
티켓

ファン
팬

会話

다니엘이 연극을 보자고 한국인 학생 하나에게 권하고 있습니다.

WORD

- 今度(こんど) 이번
- 何(なに)か 뭔가
- 予定(よてい) 예정
- まだ 아직
- 何(なに)も 아무것도
- 実(じつ)は 실은, 사실은
- 演劇(えんげき) 연극
- チケット(ticket) 티켓
- 2枚(にまい) 두 장, 두 매
- 行(い)きませんか 가지 않겠습니까?
- 何(なん)の 무슨
- ～という ~라고 하는
- 人気(にんき) 인기
- 最近(さいきん) 최근, 요즘
- 話題(わだい) 화제
- 作品(さくひん) 작품
- 会(あ)いましょうか 만날까요?
- 東口(ひがしぐち) 동쪽 출구
- 会(あ)いましょう 만납시다
- わかりました 알겠습니다

회화

Track 02

ダニエル　イさん、今度(こんど)の日曜日(にちようび)は何(なに)か予定(よてい)がありますか。

イ　日曜日(にちようび)ですか。まだ何(なに)もありませんが……。

ダニエル　実(じつ)は演劇(えんげき)のチケットが2枚(まい)あるんですが、一緒(いっしょ)に行(い)きませんか。

イ　いいですね。何(なん)の演劇(えんげき)ですか。

ダニエル　「ラブソナタ」という演劇(えんげき)なんですが、とても人気(にんき)があります。最近(さいきん)話題(わだい)の作品(さくひん)なんです。

イ　本当(ほんとう)ですか。
　じゃ、何時(なんじ)にどこで会(あ)いましょうか。

ダニエル　1時(いちじ)に新宿駅(しんじゅくえき)の東口(ひがしぐち)で会(あ)いましょう。

イ　わかりました。

Tip

신주쿠(新宿(しんじゅく))는 도쿄에서 외국인들이 가장 선호하는 지역으로 공원, 건축물, 백화점, 레스토랑, 최고급 호텔 등을 비롯하여 볼거리, 놀거리를 모두 갖춘 곳입니다.
신주쿠역 출구에서 자칫하면 헤매기 쉬워서 출구의 특징만 알아두어도 많은 도움이 됩니다.

- **東口**(ひがし ぐち) 동쪽 출구
- **西口**(にし ぐち) 서쪽 출구
- **南口**(みなみ ぐち) 남쪽 출구
- **北口**(きた ぐち) 북쪽 출구

文法まとめ

01 ます형 활용③

문법	의미	예
～ます	～ㅂ니다, 합니다	買(か)う ▶ 買(か)います 삽니다
～ましょう	～합시다	買(か)いましょう 삽시다
～ましょうか	～할까요?	買(か)いましょうか 살까요?
～ませんか	～하지 않겠습니까?	買(か)いませんか 사지 않겠습니까?

지난 과에서 배운 **ます**형을 응용해서, **ます**가 들어가는 자리에 위의 새로운 문법을 각각 대입해서 넣으면 응용 표현이 완성됩니다.

예 行(い)く 가다

行(い)きます ▶ 行(い)きましょう ▶ 行(い)きましょうか ▶ 行(い)きませんか
갑니다 / 갑시다 / 갈까요? / 가지 않겠습니까?

02 「で」의 쓰임

① 学校(がっこう)の 前(まえ)で バスに 乗(の)ります。(장소 → 학교 앞에서)

② 会社(かいしゃ)まで 電車(でんしゃ)で 来(き)ました。(수단, 도구 → 전철로)

③ 木村(きむら)さんと 日本語(にほんご)で 話(はな)します。(방법 → 일본어로)

④ 鈴木(すずき)さんは 会議(かいぎ)の 準備(じゅんび)で 忙(いそが)しいです。(이유 → 회의 준비로)

⑤ 木(き)で 机(つくえ)を 作(つく)ります。(재료 → 나무로)

03 ～ましょう ～합시다

そろそろ 家(うち)へ 帰(かえ)りましょう。

一生懸命(いっしょうけんめい) 勉強(べんきょう)しましょう。

学校(がっこう)の 前(まえ)で 7時(しちじ)に 会(あ)いましょう。

WORD

- バスに 乗(の)る 버스를 타다
- 日本語(にほんご)で 話(はな)す 일본어로 이야기하다
- 準備(じゅんび) 준비
- 木(き) 나무
- 作(つく)る 만들다
- そろそろ 슬슬
- 一生懸命(いっしょうけんめい) 열심히

文法まとめ

04 ～ましょうか　～할까요?

昼ご飯は 何を 食べましょうか。

明日は どこで 会いましょうか。

林さんの 送別会は いつ しましょうか。

05 ～ませんか　～하지 않겠습니까?

一緒に コーヒーを 飲みませんか。

今度の 土曜日に 野球場へ 行きませんか。

試験の 後に 食事を しませんか。

06 ～という　～라고 하는

私は 「SJ」という 歌手の ファンです。

さっき、「高橋」という 人から 電話が ありました。

会社の 前に 「いちばん」という 有名な 店が あります。

WORD

- 昼(ひる)ご飯(はん) 점심밥
- 送別会(そう べつ かい) 송별회
- いつ 언제
- 今度(こん ど) 이번
- 野球場(や きゅう じょう) 야구장
- 試験(し けん)の 後(あと)に 시험 후에
- 食事(しょく じ) 식사
- ファン (fan) 팬
- さっき 아까
- ～から ～로부터

〈ます형 활용③ 연습〉

기본형		～ましょう ～합시다	～ましょうか ～할까요?	～ませんか ～하지 않겠습니까?
会(あ)う	만나다			
待(ま)つ	기다리다			
話(はな)す	이야기하다			
飲(の)む	마시다			
行(い)く	가다			
遊(あそ)ぶ	놀다			
帰(かえ)る	돌아가다 (돌아오다)			
見(み)る	보다			
食(た)べる	먹다			
教(おし)える	가르치다			
来(く)る	오다			
する	하다			

文法まとめ

〈ます형 활용③ 연습 정답〉

기본형		～ましょう ～합시다	～ましょうか ～할까요?	～ませんか ～하지 않겠습니까?
会(あ)う	만나다	会(あ)いましょう	会(あ)いましょうか	会(あ)いませんか
待(ま)つ	기다리다	待(ま)ちましょう	待(ま)ちましょうか	待(ま)ちませんか
話(はな)す	이야기하다	話(はな)しましょう	話(はな)しましょうか	話(はな)しませんか
飲(の)む	마시다	飲(の)みましょう	飲(の)みましょうか	飲(の)みませんか
行(い)く	가다	行(い)きましょう	行(い)きましょうか	行(い)きませんか
遊(あそ)ぶ	놀다	遊(あそ)びましょう	遊(あそ)びましょうか	遊(あそ)びませんか
帰(かえ)る	돌아가다 (돌아오다)	帰(かえ)りましょう	帰(かえ)りましょうか	帰(かえ)りませんか
見(み)る	보다	見(み)ましょう	見(み)ましょうか	見(み)ませんか
食(た)べる	먹다	食(た)べましょう	食(た)べましょうか	食(た)べませんか
教(おし)える	가르치다	教(おし)えましょう	教(おし)えましょうか	教(おし)えませんか
来(く)る	오다	来(き)ましょう	来(き)ましょうか	来(き)ませんか
する	하다	しましょう	しましょうか	しませんか

* 표현 PLUS *

歌(うた)を 歌(うた)う

노래를 부르다

たばこを 吸(す)う

담배를 피우다

写真(しゃしん)を 撮(と)る

사진을 찍다

ゆっくり 休(やす)む

푹 쉬다

7時(しちじ)に 起(お)きる

7시에 일어나다

11時(じゅういちじ)に 寝(ね)る

11시에 자다

日本語(にほんご)で 話(はな)す

일본어로 이야기하다

電話(でんわ)を する

전화를 하다

散歩(さんぽ)を する

산책을 하다

話してみましょう

그림을 보고 예와 같이 말해 보세요.

1

예

演劇(えんげき)を 見(み)る

A：明日(あした)、何(なに)を しましょうか。

B：演劇(えんげき)を 見(み)ましょう。

演劇(えんげき)を 見(み)ませんか。

1

海(うみ)へ 行(い)く

A：どこへ 行(い)きましょうか。

2

駅(えき)の 前(まえ)で 会(あ)う

A：どこで 会(あ)いましょうか。

3

ホテルで 食事(しょくじ)を する

A：どこで 食事(しょくじ)を しましょうか。

WORD

- 演劇(えんげき) 연극
- 駅(えき) 역
- 食事(しょくじ) 식사
- 海(うみ) 바다
- ホテル(hotel) 호텔

그림을 보고 예와 같이 말해 보세요.

2

예

友達(ともだち)と 旅行(りょこう)する

A : 明日(あした)は 何(なに)か 予定(よてい)が ありますか。

B : はい、友達(ともだち)と 旅行(りょこう)する 予定(よてい)です。

いいえ、まだ 予定(よてい)は ありませんが。

1

図書館(としょかん)で 勉強(べんきょう)する

A : 明日(あした)は 何(なに)か 予定(よてい)が ありますか。

2

野球場(やきゅうじょう)に 行(い)く

A : 明日(あした)は 何(なに)か 予定(よてい)が ありますか。

3

映画館(えいがかん)で 映画(えいが)を 見(み)る

A : 明日(あした)は 何(なに)か 予定(よてい)が ありますか。

WORD

- **旅行**(りょこう)**する** 여행하다
- **野球場**(やきゅうじょう) 야구장
- **図書館**(としょかん) 도서관
- **映画館**(えいがかん) 영화관

読んでみましょう

읽어 봅시다

1 다음 내용을 큰 소리로 천천히 읽어 보세요.

Track 03

私は スポーツの 中で / 野球が 一番 好きです。/ 先週の 土曜日も /

学校の 友達と 一緒に / 野球場へ 行きました。/ 私は TDSという /

チームの ファンです。/ TDSの 試合は / 毎回 行きます。/

週末は バイトが ありますが、/ 試合の 日は バイトを 休みます。/

来週の 土曜日は / 東京ドームで 試合が あります。/

土曜日の バイトは / 1時までですから、/ バイトの 後に 行く 予定です。/

2 다음 내용을 자신있게 읽어 보세요.

Track 04

私はスポーツの中で野球が一番好きです。先週の土曜日も
学校の友達と一緒に野球場へ行きました。私はTDSという
チームのファンです。TDSの試合は毎回行きます。
週末はバイトがありますが、試合の日はバイトを休みます。
来週の土曜日は東京ドームで試合があります。
土曜日のバイトは1時までですから、バイトの後に行く予定です。

WORD

- スポーツ 스포츠
- 野球(や きゅう) 야구
- 先週(せん しゅう) 지난주
- ～という ～라고 하는
- チーム(team) 팀
- ファン(fan) 팬
- 試合(し あい) 시합
- 毎回(まい かい) 매회
- 週末(しゅう まつ) 주말
- バイト(arbeit) 아르바이트
- 来週(らい しゅう) 다음 주
- 東京(とう きょう)ドーム 도쿄 돔
- ～の後(あと)に ～후에

書いてみましょう

써 봅시다

다음 예와 같이 일본어로 써 보세요.

1

예

テレビを 見(み)る

① テレビを 見(み)ましょう。

② テレビを 見(み)ましょうか。

③ テレビを 見(み)ませんか。

1

写真(しゃしん)を 撮(と)る

① ______________________________。

② ______________________________。

③ ______________________________。

2

散歩(さんぽ)を する

① ______________________________。

② ______________________________。

③ ______________________________。

3

歌(うた)を 歌(うた)う

① ______________________________。

② ______________________________。

③ ______________________________。

WORD

- テレビ(television) 텔레비전
- 写真(しゃしん)を 撮(と)る 사진을 찍다
- 散歩(さんぽ)を する 산책을 하다

聞いてみましょう

들어 봅시다

A 잘 듣고 밑줄 친 부분에 써 보세요.

Track 05

1. 今(いま)から 日本語(にほんご)で ______________________________。

2. どこへ ______________________________。

3. 一緒(いっしょ)に ______________________________。

B 그림을 보고 내용과 알맞은 번호를 고르세요.

1.

月~金	バイト
土	田中(たなか)さんと 映画(えいが)
日	試験(しけん)の 勉強(べんきょう)

정답 ① ② ③

2.

정답 ① ② ③

漢字・カタカナ練習

한자・가타카나 연습

한 자 다음 한자를 읽고 따라 써 보세요.

한자	단어	따라 쓰기	그림
定 정할 **정**	予定 よ てい 예정	予定 よ てい	

보기 定食(ていしょく) 정식, 決定(けってい) 결정

한자	단어	따라 쓰기	그림
予 미리 **예**	予約 よ やく 예약	予約 よ やく	

보기 予定(よてい) 예정, 予習(よしゅう) 예습

한자	단어	따라 쓰기	그림
品 물건 **품**	作品 さく ひん 작품	作品 さく ひん	

보기 品質(ひんしつ) 품질

가타카나 다음 가타카나를 읽고 따라 써 보세요.

가타카나	따라 쓰기	따라 쓰기	그림
ホテル hotel 호텔	ホテル	ホテル	
チケット ticket 티켓	チケット	チケット	

会話復習

회화 복습

Track 06

다음의 『会話(かいわ)/회화』 스크립트를 보면서 복습해 보세요.

2과 趣味(しゅみ)は 何(なん)ですか。

취미는 무엇입니까?

Track 07

필수 문장 익히기

趣味(しゅみ)は 何(なん)ですか。 취미는 무엇입니까?

音楽(おんがく)を 聞(き)く ことです。 음악 듣기입니다.

KEY WORD

趣味(しゅみ)
취미

読書(どくしょ)
독서

水泳(すいえい)
수영

留学(りゅうがく)
유학

出張(しゅっちょう)
출장

花見(はなみ)
꽃구경

ドライブ
드라이브

ゴルフ
골프

スキー
스키

会話

다니엘과 링이 취미생활에 대한 이야기를 하고 있습니다.

WORD

- 趣味(しゅ み) 취미
- ギターを 弾(ひ)く 기타를 치다
- こと 일, 것
- ロック(rock) 록
- フォーク(folk) 포크
- ジャズ(jazz) 재즈
- すごい 굉장하다
- 実(じつ)は 실은, 사실은
- 今週末(こん しゅう まつ) 이번 주말
- コンサート(concert) 콘서트
- 僕(ぼく) 나 (보통 남자들이 쓰는 말)
- 演奏(えん そう) 연주
- ～に 行(い)く ～하러 가다
- ぜひ 꼭
- 行(い)きたいです 가고 싶습니다
- 場所(ば しょ) 장소
- 近(ちか)く 근처
- ホール(hall) 홀
- ～と 一緒(いっ しょ)に ～와(과) 함께
- 見(み)に 行(い)きますね 보러 갈게요

Track 08

リン ダニエルさんの 趣味(しゅみ)は 何(なん)ですか。

ダニエル 私(わたし)の 趣味(しゅみ)は ギターを 弾(ひ)く ことです。

リン え! ロックですか。フォークですか。

ダニエル いいえ、ジャズです。

リン わあ~、すごいですね。

ダニエル 実(じつ)は 今週末(こんしゅうまつ)、コンサートが あるんですよ。

僕(ぼく)も 演奏(えんそう)に 行(い)きます。

リン 私(わたし)も ぜひ 行(い)きたいです。場所(ばしょ)は どこですか。

ダニエル 学校(がっこう)の 近(ちか)くの CCホールです。

リン 友達(ともだち)と 一緒(いっしょ)に 見(み)に 行(い)きますね。

Tip

일본에서는 음악 중심의 공연문화가 잘 발달되어 있어서 신주쿠나 도쿄 광장을 비롯하여 일반 소규모 공연장에서도 대중가수의 공연을 자주 접할 수 있습니다. 그리고 거리공연도 볼 수 있는 곳이 많아서 쉽게 음악을 통해 소통할 수 있기 때문에 음악 중심의 공연을 좋아하는 사람들이 자주 찾습니다.

文法まとめ

01 ます형 활용④

문법	의미	예
～ます	～ㅂ니다, 합니다	飲(の)む ▶ 飲(の)みます
～たいです	～하고 싶습니다	飲(の)みたいです
～たく ありません ～たく ないです	～하고 싶지 않습니다	飲(の)みたく ありません 飲(の)みたく ないです
～に 行(い)く	～하러 가다	飲(の)みに 行(い)く
～に 行(い)きたいです	～하러 가고 싶습니다	飲(の)みに 行(い)きたいです

지난 과에 이어 **ます**형 활용을 응용해서, **ます**가 들어가는 자리에 위의 새로운 문법을 각각 대입해서 넣으면 응용 표현이 완성됩니다.

예 会(あ)う 만나다

会(あ)います ▶	会(あ)いたいです ▶	会(あ)いたく ありません ▶	会(あ)いに 行(い)く ▶	会(あ)いに 行(い)きたいです
만납니다	만나고 싶습니다	만나고 싶지 않습니다	만나러 가다	만나러 가고 싶습니다

02 동사 기본형 + こと ~하는 것

A：趣味は 何ですか。

B：映画を 見る ことです。

私の 趣味は 本を 読む ことです。

鈴木さんの 趣味は 音楽を 聞く ことです。

03 ます형 + たい(です) ~하고 싶다(싶습니다)

韓国に いる 家族に 会いたいです。

原宿には 見物したい 所が たくさん あります。

日本の 歌が 習いたいです。

WORD

- 趣味(しゅみ) 취미
- 映画(えいが) 영화
- 音楽(おんがく)を 聞(き)く 음악을 듣다
- 家族(かぞく) 가족
- 見物(けんぶつ) 구경
- 所(ところ) 곳, 장소
- 歌(うた) 노래
- 習(なら)う 배우다

文法まとめ

04 동작성 명사 + に 行(い)く(来(く)る) ~하러 가다(오다)

明日(あした)は 彼女(かのじょ)と 一緒(いっしょ)に ドライブに 行(い)きます。

週末(しゅうまつ)は 中国(ちゅうごく)へ 出張(しゅっちょう)に 行(い)きます。

私(わたし)は 今年(ことし)の 4月(しがつ)に 日本(にほん)へ 語学研修(ごがくけんしゅう)に 来(き)ました。

05 ます형 + に 行(い)く ~하러 가다
ます형 + に 行(い)きたいです ~하러 가고 싶습니다

青木(あおき)さんは 図書館(としょかん)へ 本(ほん)を 借(か)りに 行(い)きました。

今度(こんど)の 夏休(なつやす)みは 海(うみ)へ 遊(あそ)びに 行(い)きます。

友達(ともだち)と 一緒(いっしょ)に 演劇(えんげき)を 見(み)に 行(い)きたいです。

WORD

- 彼女(かのじょ) 여자 친구, 그녀
- ドライブ(drive) 드라이브
- 出張(しゅっちょう) 출장
- 今年(ことし) 올해, 금년
- 語学研修(ごがくけんしゅう) 어학연수
- 図書館(としょかん) 도서관
- 借(か)りる 빌리다
- 今度(こんど) 이번
- 夏休(なつやす)み 여름 휴가
- 海(うみ) 바다
- ~と 一緒(いっしょ)に ~와(과) 함께
- 演劇(えんげき) 연극

〈ます형 활용 ④ 연습〉

기본형		～たいです ～하고 싶습니다	～たく ありません (= ～たく ないです) ～하고 싶지 않습니다	～に 行(い)く ～하러 가다 ～に 行(い)きたいです ～하러 가고 싶습니다
買(か)う	사다			
習(なら)う	배우다			
話(はな)す	이야기하다			
読(よ)む	읽다			
聞(き)く	듣다, 묻다			
遊(あそ)ぶ	놀다			
見(み)る	보다			
食(た)べる	먹다			
教(おし)える	가르치다			
留学(りゅうがく)する	유학하다			

文法まとめ

〈ます형 활용 ④ 연습 정답〉

기본형		~たいです ~하고 싶습니다	~たく ありません (= ~たく ないです) ~하고 싶지 않습니다	~に 行く ~하러 가다 ~に 行きたいです ~하러 가고 싶습니다
買う	사다	買いたいです	買いたく ありません 買いたく ないです	買いに 行く 買いに 行きたいです
習う	배우다	習いたいです	習いたく ありません 習いたく ないです	習いに 行く 習いに 行きたいです
話す	이야기하다	話したいです	話したく ありません 話したく ないです	話しに 行く 話しに 行きたいです
読む	읽다	読みたいです	読みたく ありません 読みたく ないです	読みに 行く 読みに 行きたいです
聞く	듣다, 묻다	聞きたいです	聞きたく ありません 聞きたく ないです	聞きに 行く 聞きに 行きたいです
遊ぶ	놀다	遊びたいです	遊びたく ありません 遊びたく ないです	遊びに 行く 遊びに 行きたいです
見る	보다	見たいです	見たく ありません 見たく ないです	見に 行く 見に 行きたいです
食べる	먹다	食べたいです	食べたく ありません 食べたく ないです	食べに 行く 食べに 行きたいです
教える	가르치다	教えたいです	教えたく ありません 教えたく ないです	教えに 行く 教えに 行きたいです
留学する	유학하다	留学したいです	留学したく ありません 留学したく ないです	留学しに 行く 留学しに 行きたいです

＊ 표현 PLUS ＊ スポーツ, 運動(うんどう) 스포츠, 운동

 ゴルフ 골프	 スキー 스키	 スノーボード 스노보드
 水泳(すいえい) 수영	 野球(やきゅう) 야구	 サッカー 축구
 バスケットボール 농구	 剣道(けんどう) 검도	 柔道(じゅうどう) 유도

話してみましょう

그림을 보고 예와 같이 말해 보세요.

1

예

映画鑑賞(えいがかんしょう),
映画(えいが)を 見(み)る こと

A : 趣味(しゅみ)は 何(なん)ですか。

B : 映画鑑賞(えいがかんしょう)です。

映画(えいが)を 見(み)る ことです。

1

読書(どくしょ) 독서
本(ほん)を 読(よ)む こと

2

音楽鑑賞(おんがくかんしょう) 음악 감상
音楽(おんがく)を 聞(き)く こと

3

ピアノを 弾(ひ)く こと
피아노 치기

4

絵(え)を 描(か)く こと
그림 그리기

5

登山(とざん) 등산
山(やま)に 登(のぼ)る こと

6

写真(しゃしん)を 撮(と)る こと
사진 찍기

WORD

- 読書(どくしょ) 독서
- 音楽鑑賞(おんがくかんしょう) 음악 감상
- ピアノを 弾(ひ)く こと 피아노 치기
- 絵(え)を 描(か)く こと 그림 그리기
- 登山(とざん) 등산
- 山(やま)に 登(のぼ)る こと 산에 오르기
- 写真(しゃしん) 사진

그림을 보고 예와 같이 말해 보세요.

2

예

ラーメンを 食(た)べる

A : 何(なに)が 食(た)べたいですか。

B : ラーメンが 食(た)べたいです。

何(なに)も 食(た)べたく ないです。

1

靴(くつ)を 買(か)う

A : 何(なに)が 買(か)いたいですか。

2

釣(つり)に 行(い)く

A : 今日(きょう)は 何(なに)が したいですか。

3

山(やま)へ 行(い)く

A : 週末(しゅうまつ)は どこへ 行(い)きたいですか。

WORD

- ラーメン 라면
- 靴(くつ) 구두
- 週末(しゅう まつ) 주말
- 何(なに)も 아무것도
- 釣(つり)に 行(い)く 낚시하러 가다
- 山(やま) 산

読んでみましょう

읽어 봅시다

1 다음 내용을 큰 소리로 읽어보세요.

Track 09

私(わたし)の 趣味(しゅみ)は / 小説(しょうせつ)を 読(よ)む ことです。/ 私(わたし)は / 週(しゅう)に 2、3冊(さつ)ぐらい 読(よ)みます。/

特(とく)に、/ 推理小説(すいりしょうせつ)が 好(す)きです。/ それに、私(わたし)は / 小説(しょうせつ)を 書(か)くことも / 好(す)きです。/

いつかドラマの シナリオが / 書(か)きたいです。/ でも、恋愛(れんあい)ドラマは / 書(か)きたく ありません。/

それより 推理(すいり)ドラマが 書(か)きたいです。/

2 다음 내용을 자신있게 읽어보세요

Track 10

私の趣味は小説を読むことです。私は週に2、3冊ぐらい読みます。

特に、推理小説が好きです。それに、私は小説を書くことも好きです。

いつかドラマのシナリオが書きたいです。でも、恋愛ドラマは書きたくありません。

それより推理ドラマが書きたいです。

WORD

- 趣味(しゅ み) 취미
- 小説(しょう せつ) 소설
- 週(しゅう)に 2、3冊(さつ) 일주일에 2, 3권
- ぐらい 정도
- 特(とく)に 특히
- 推理小説(すい り しょう せつ) 추리소설
- ～が 好(す)きだ ~를 좋아하다
- それに 게다가
- いつか 언젠가
- ドラマ(drama) 드라마
- シナリオ(scenario) 시나리오
- でも 그렇지만
- 恋愛(れん あい) 연애
- ～たく ありません ~하고 싶지 않습니다

書いてみましょう

써 봅시다

다음 예와 같이 일본어로 써 보세요.

1

예

花見(はなみ)に 行(い)く

花見(はなみ)に 行(い)きたいです。

花見(はなみ)に 行(い)きたく ありません。

1

アメリカへ 留学(りゅうがく)に 行(い)く

______________________________。

______________________________。

2

散歩(さんぽ)に 行(い)く

______________________________。

______________________________。

3

中華料理(ちゅうかりょうり)を 食(た)べに 行(い)く

______________________________。

______________________________。

4

先輩(せんぱい)と お酒(さけ)を 飲(の)みに 行(い)く

______________________________。

______________________________。

WORD

- 花見(はなみ) 꽃구경
- 留学(りゅうがく) 유학
- 中華料理(ちゅうかりょうり) 중국요리
- 先輩(せんぱい) 선배
- お酒(さけ)を 飲(の)む 술을 마시다

聞いてみましょう

들어 봅시다

A 잘 듣고 밑줄 친 부분에 써 보세요.

Track 11

1 私(わたし)の 趣味(しゅみ)は ピアノを 弾(ひ)く＿＿＿＿＿＿＿＿＿です。

2 週末(しゅうまつ)は 友達(ともだち)と 一緒(いっしょ)に 花見(はなみ)＿＿＿＿＿＿＿＿＿。

3 私(わたし)は コーヒー＿＿＿＿飲(の)みたいです。

B 그림을 보고 내용과 알맞은 번호를 고르세요.

1

2

月曜日(げつようび)	火曜日(かようび)	水曜日(すいようび)	木曜日(もくようび)	金曜日(きんようび)
映画(えいが)	運動(うんどう)	出張(しゅっちょう)		休(やす)み

정답 ① ② ③

정답 ① ② ③

漢字・カタカナ練習

한자・가타카나 연습

한 자 다음 한자를 읽고 따라 써 보세요.

留
머무를 **류**

留学
りゅう がく
유학

留学
りゅう がく

보기 留意(りゅうい) 유의

出
나갈 **출**

出張
しゅっ ちょう
출장

出張
しゅっ ちょう

보기 出発(しゅっぱつ) 출발, 出勤(しゅっきん) 출근

見
볼 **견**

花見
はな み
꽃구경

花見
はな み

보기 見本(みほん) 견본

가타카나 다음 가타카나를 읽고 따라 써 보세요.

ドライブ
drive 드라이브

ドライブ

ドライブ

ゴルフ
golf 골프

ゴルフ

ゴルフ

会話復習

회화 복습

Track 12

다음의 『会話(かいわ)/회화』 스크립트를 보면서 복습해 보세요.

3과

音楽(おんがく)を 聞(き)きながら メールを チェックします。

음악을 들으면서 메일을 체크합니다.

Track 13

필수 문장 익히기

今日(きょう)は 何(なに)を しますか。 오늘은 무엇을 합니까?

音楽(おんがく)を 聞(き)きながら 掃除(そうじ)をする つもりです。
음악을 들으면서 청소할 생각입니다.

KEY WORD

掃除(そうじ)
청소

携帯(けいたい)
휴대전화

上司(じょうし)
상사

同僚(どうりょう)
동료

観光(かんこう)
관광

お見舞(みま)い
문병

デジカメ
디지털카메라의 줄임말

ギター
기타

ピアノ
피아노

会話

준과 링이 어제 무엇을 했는지에 대해서 이야기하고 있습니다.

WORD

- 昨日(きのう) 어제
- 秋葉原(あきはばら) 도쿄에 있는 전자상가 밀집지역
- 買(か)い物(もの) 쇼핑
- ~に 行(い)く ~하러 가다
- 実(じつ)は 실은, 사실은
- デジカメ 디지털카메라의 줄임말
- つもり 생각, 작정
- 結局(けっきょく) 결국
- 新(あたら)しい 새롭다
- スマートフォン 스마트폰
- 画面(がめん) 화면
- 見(み)やすい 보기 쉽다
- 毎日(まいにち) 매일
- 電車(でんしゃ) 전철
- 音楽(おんがく) 음악
- ます형 + ながら ~하면서
- メール(mail) 메일
- チェック(check) 체크
- でも 하지만, 그렇지만
- アプリ(application) 어플리케이션의 줄임말
- 多(おお)くて 많아서 (이유, 원인)
- 使(つか)い方(かた) 사용법
- まだ 아직
- わかりません 모릅니다

Track 14

高橋(たかはし)　リンさん、昨日(きのう)は 何(なに)を しましたか。

リン　ワンさんと 一緒(いっしょ)に 秋葉原(あきはばら)へ 買(か)い物(もの)に 行(い)きました。

高橋(たかはし)　何(なに)を 買(か)いましたか。

リン　実(じつ)は デジカメを 買(か)う つもりでしたが、 結局(けっきょく) 新(あたら)しい スマートフォンを 買(か)いました。

高橋(たかはし)　うわー！これ、画面(がめん)が 大(おお)きくて 見(み)やすいですね。

リン　はい、とても便利(べんり)です。私(わたし)は 毎日(まいにち) 電車(でんしゃ)の 中(なか)で 音楽(おんがく)を 聞(き)き ながら メールを チェックします。

高橋(たかはし)　それは いいですね。

リン　でも、アプリが 多(おお)くて 使(つか)い方(かた)が まだ よく わかりません。

Tip

도쿄(東京(とうきょう))에 있는 「秋葉原(あきはばら)」는 전자상가가 밀집해 있는 지역으로 한국의 용산과 같은 곳입니다. 전기제품, 오디오, 컴퓨터 부품, 가전제품에 이르기까지 다양한 전자제품을 파는 일본 최대의 전자제품 상가입니다. 또한, 게임센터나 만화가게들이 많이 모여 있고, 뒷골목엔 중고 PC나 DVD, 그리고 만화 피규어를 파는 곳들이 많이 있어서 일본인들은 물론 관광객들도 자주 찾는 곳입니다.

文法まとめ

01 ます형 활용 ⑤

문법	의미	예
～ます	～ㅂ니다. 합니다	飲(の)む ▶ 飲(の)みます
～方(かた)	～하는 법	飲(の)み方(かた)
～ながら	～하면서	飲(の)みながら
～やすい	～하기 쉽다	飲(の)みやすい
～にくい	～하기 어렵다	飲(の)みにくい

02 つもり 생각, 예정

今日(きょう)は 久(ひさ)しぶりに 部屋(へや)の 掃除(そうじ)を する つもりです。

日曜日(にちようび)は 友達(ともだち)の 家(うち)へ 遊(あそ)びに 行(い)く つもりです。

中国(ちゅうごく)から 家族(かぞく)が 来(く)るので ホテルを 予約(よやく)する つもりです。

예 明日(あした)は 東京(とうきょう)の 市内(しない)を 観光(かんこう)する つもりです。… ① 개인적인 의도. 막연한 생각
明日(あした)は 東京(とうきょう)の 市内(しない)を 観光(かんこう)する 予定(よてい)です。… ② 정해진 예정. 공적인 결정사항

WORD

- 久(ひさ)しぶりに 오랜만에
- 部屋(へや) 방
- 掃除(そうじ) 청소
- 遊(あそ)びに 行(い)く 놀러 가다
- ～から ～로부터, ～에서
- ホテル(hotel) 호텔
- 予約(よやく) 예약
- 市内(しない) 시내
- 観光(かんこう) 관광

03 ます형 + やすい[にくい] ～하기 쉽다[～하기 어렵다]

カタカナは 漢字(かんじ)より 書(か)きやすいです。

この 漢字(かんじ)は あまり 難(むずか)しく ないので、覚(おぼ)えやすいです。

上司(じょうし)の 頼(たの)みは 断(ことわ)りにくいです。

04 ます형 + ながら ～하면서

友達(ともだち)と コーヒーを 飲(の)みながら 話(はな)します。

ギターを 弾(ひ)きながら 歌(うた)を 歌(うた)います。

いろいろな 所(ところ)を 見物(けんぶつ)しながら 観光(かんこう)を します。

WORD

- 漢字(かんじ) 한자
- ～より ～보다
- 覚(おぼ)える 외우다, 기억하다
- 上司(じょうし) 상사
- 頼(たの)み 부탁
- 断(ことわ)る 거절하다
- ギターを 弾(ひ)く 기타를 치다
- 歌(うた)を 歌(うた)う 노래를 부르다
- いろいろな 여러 가지
- 所(ところ) 곳, 장소
- 見物(けんぶつ) 구경
- 観光(かんこう) 관광

文法まとめ

05 ～方(かた) ～하는 법

この 漢字(かんじ)の 読(よ)み方(かた)は 難(むずか)しいですね。

森先生(もりせんせい)の 教(おし)え方(かた)は とても 上手(じょうず)です。

この 料理(りょうり)の 作(つく)り方(かた)は とても 簡単(かんたん)です。

06 ～が わかる ～을/를 알다

この 携帯(けいたい)の 使(つか)い方が わかりません。

私(わたし)は フランス語(ご)が 全然(ぜんぜん) わかりません。

この 単語(たんご)の 意味(いみ)が わかりますか。

WORD

- 漢字(かんじ) 한자
- 教(おし)え方(かた) 가르치는 법, 교수법
- 上手(じょうず)だ 잘하다
- 作(つく)り方(かた) 만드는 법
- フランス語(ご) 프랑스어
- 全然(ぜんぜん) 전혀
- 単語(たんご) 단어
- 意味(いみ) 의미
- デジカメ 디지털카메라의 줄임말

〈ます형 활용 ⑤ 연습〉

기본형		～方(かた) ～하는 법	～ながら ～하면서	～やすい ～하기 쉽다 ～にくい ～하기 어렵다
買(か)う	사다			
会(あ)う	만나다			
遊(あそ)ぶ	놀다			
読(よ)む	읽다			
飲(の)む	마시다			
書(か)く	쓰다			
話(はな)す	이야기하다			
作(つく)る	만들다			
見(み)る	보다			
食(た)べる	먹다			
覚(おぼ)える	외우다, 기억하다			
する	하다			

文法まとめ

〈ます형 활용 ⑤ 연습 정답〉

기본형		～方 ～하는 법	～ながら ～하면서	～やすい ～하기 쉽다 / ～にくい ～하기 어렵다
買う	사다	買い方	買いながら	買いやすい 買いにくい
会う	만나다	会い方	会いながら	会いやすい 会いにくい
遊ぶ	놀다	遊び方	遊びながら	遊びやすい 遊びにくい
読む	읽다	読み方	読みながら	読みやすい 読みにくい
飲む	마시다	飲み方	飲みながら	飲みやすい 飲みにくい
書く	쓰다	書き方	書きながら	書きやすい 書きにくい
話す	이야기하다	話し方	話しながら	話しやすい 話しにくい
作る	만들다	作り方	作りながら	作りやすい 作りにくい
見る	보다	見方	見ながら	見やすい 見にくい
食べる	먹다	食べ方	食べながら	食べやすい 食べにくい
覚える	외우다, 기억하다	覚え方	覚えながら	覚えやすい 覚えにくい
する	하다	しかた	しながら	しやすい しにくい

ます형 활용 〈복습〉

문법, 의미	買(か)う 사다	見(み)る 보다	する 하다
～ましょう ～합시다	買(か)いましょう 삽시다	見(み)ましょう 봅시다	しましょう 합시다
～ましょうか ～할까요?	買(か)いましょうか 살까요?	見(み)ましょうか 볼까요?	しましょうか 할까요?
～ませんか ～하지 않겠습니까?	買(か)いませんか 사지 않겠습니까?	見(み)ませんか 보지 않겠습니까?	しませんか 하지 않겠습니까?
～に 行(い)く ～하러 가다	買(か)いに 行(い)く 사러 가다	見(み)に 行(い)く 보러 가다	しに 行(い)く 하러 가다
～たいです ～하고 싶습니다	買(か)いたいです 사고 싶습니다	見(み)たいです 보고 싶습니다	したいです 하고 싶습니다
～たく ありません ～たく ないです ～하고 싶지 않습니다	買(か)いたく ありません 買いたく ないです 사고 싶지 않습니다	見(み)たく ありません 見たく ないです 보고 싶지 않습니다	したく ありません したく ないです 하고 싶지 않습니다
～方(かた) ～하는 법	買(か)い方(かた) 사는 법	見(み)方(かた) 보는 법	しかた 하는 방법
～ながら ～하면서	買(か)いながら 사면서	見(み)ながら 보면서	しながら 하면서
～やすい ～하기 쉽다	買(か)いやすい 사기 쉽다	見(み)やすい 보기 쉽다	しやすい 하기 쉽다
～にくい ～하기 어렵다	買(か)いにくい 사기 어렵다	見(み)にくい 보기 어렵다	しにくい 하기 어렵다

話してみましょう

그림을 보고 예와 같이 말해 보세요.

1

예

釣(つり)に 行(い)く

A : 今度(こんど)の 土曜日(どようび)は 何(なに)を する つもりですか。

B : 釣(つり)に 行(い)く つもりです。

釣(つり)に 行(い)く 予定(よてい)です。

1

友達(ともだち)の お見舞(みま)いに 行(い)く

A : 明日(あした)は 何(なに)を する つもりですか。

2

友達(ともだち)と クラブに 行(い)く

A : 来週(らいしゅう)の 金曜日(きんようび)は 何(なに)を する つもりですか。

3

部屋(へや)の 掃除(そうじ)を する

A : 今日(きょう)は 何(なに)を する つもりですか。

WORD

- 今度(こんど) 이번
- 釣(つり)に 行(い)く 낚시하러 가다
- お見舞(みま)いに 行(い)く 문병 가다
- 来週(らいしゅう) 다음 주
- クラブ(club) 클럽
- 部屋(へや) 방
- 掃除(そうじ) 청소

그림을 보고 예와 같이 말해 보세요.

2

예

ピアノを 弾(ひ)く, 歌(うた)を 歌(うた)う

A : 休(やす)みの 日(ひ)は 何(なに)を しますか。

B : ピアノを 弾(ひ)きながら 歌(うた)を 歌(うた)います。

1

音楽(おんがく)を 聞(き)く, ドライブを する

A : 今度(こんど)の 週末(しゅうまつ)は 何(なに)を しますか。

2

コーヒーを 飲(の)む, 同僚(どうりょう)と 話(はな)す

A : 今日(きょう)は 会議(かいぎ)の 後(あと)に 何(なに)を しますか。

3

テレビを 見(み)る, ラーメンを 食(た)べる

A : 昨日(きのう)の 夜(よる)は 家(うち)で 何(なに)を しましたか。

WORD

- 休(やす)みの日(ひ) 쉬는 날
- 今度(こん ど) 이번
- 週末(しゅう まつ) 주말
- 音楽(おん がく) 음악
- ドライブ(drive) 드라이브
- 会議(かい ぎ)の 後(あと)に 회의 후에
- コーヒー(coffee) 커피
- 同僚(どう りょう) 동료
- 夜(よる) 저녁, 밤
- ラーメン 라면

読んでみましょう

읽어 봅시다

1 다음 내용을 큰 소리로 읽어보세요.

Track 15

明日(あした)は 韓国(かんこく)から / 友達(ともだち)が 来(き)ます。/ 彼(かれ)は 私(わたし)の / 学生時代(がくせいじだい)の 友達(ともだち)です。/

彼(かれ)は 大学(だいがく)で / 機械工学(きかいこうがく)を 専攻(せんこう)しました。/ 性格(せいかく)も いいし、/

ハンサムなので / 大人気(だいにんき)でした。/ 私(わたし)は / 明日(あした) 成田空港(なりたくうこう)で /

友達(ともだち)を 待(ま)ちます。/ 東京(とうきょう)の あちこちを / 一緒(いっしょ)に 見物(けんぶつ)しながら、/

おいしい ものを 食(た)べる つもりです。/

2 다음 내용을 자신있게 읽어 보세요.

Track 16

明日は韓国から友達が来ます。彼は私の学生時代の友達です。
彼は大学で機械工学を専攻しました。性格もいいし、
ハンサムなので大人気でした。私は明日成田空港で
友達を待ちます。東京のあちこちを一緒に見物しながら、
おいしいものを食べるつもりです。

WORD

- **彼**(かれ) 그, 그 남자
- **学生時代**(がく せい じ だい) 학창시절
- **機械工学**(き かい こう がく) 기계공학
- **専攻**(せん こう) 전공
- **性格**(せい かく) 성격
- **～も ～し** ~도 ~하고
- **～なので** ~이기 때문에
- **大人気**(だい にん き) 인기가 많음
- **成田空港**(なり た くう こう) 나리타 공항
- **あちこち** 여기저기
- **見物**(けん ぶつ) 구경
- **～ながら** ~하면서
- **つもり** 생각, 작정

書いてみましょう

써 봅시다

다음 예와 같이 일본어로 써 보세요.

1

예

お茶(ちゃ)を 飲(の)む

① お茶(ちゃ)の飲(の)み方(かた)

② お茶(ちゃ)を 飲(の)みながら 話(はな)します。

③ お茶(ちゃ)は 飲(の)みやすい。

④ お茶(ちゃ)は 飲(の)みにくい。

1

漢字(かんじ)を 覚(おぼ)える

① ______________________

② ______________________ 勉強(べんきょう)します。

③ ______________________。

④ ______________________。

2

ギターを 弾(ひ)く

① ______________________

② ______________________ 歌(うた)を 歌(うた)います。

③ ______________________。

④ ______________________。

WORD

- お茶(ちゃ)を 飲(の)む 차를 마시다
- 漢字(かんじ)を 覚(おぼ)える 한자를 외우다
- ギターを 弾(ひ)く 기타를 치다
- 歌(うた)を 歌(うた)う 노래를 부르다

聞いてみましょう

들어 봅시다

A 잘 듣고 밑줄 친 부분에 써 보세요.

Track 17

1. 今日(きょう)は 私(わたし)の 部屋(へや)を 掃除(そうじ)する ＿＿＿＿＿＿ です。

2. この 漢字(かんじ)は 簡単(かんたん)なので 覚(おぼ)え＿＿＿＿＿＿ ですね。

3. 音楽(おんがく)を ＿＿＿＿＿＿ 運動(うんどう)を します。

B 그림을 보고 내용과 알맞은 번호를 고르세요.

1

2

정답	① ② ③

정답	① ② ③

漢字・カタカナ練習

한자・가타카나 연습

한 자 다음 한자를 읽고 따라 써 보세요.

除
덜 제

掃除
そうじ
청소

掃除
そうじ

보기 掃除機(そうじき) 청소기

上
윗 상

上司
じょうし
상사

上司
じょうし

보기 上手(じょうず) 능숙함, 以上(いじょう) 이상

観
볼 관

観光
かんこう
관광

観光
かんこう

보기 観察(かんさつ) 관찰, 観客(かんきゃく) 관객

가타카나 다음 가타카나를 읽고 따라 써 보세요.

デジカメ
digital camera 디지털카메라의 줄임말

デジカメ

デジカメ

ギター
guitar 기타

ギター

ギター

会話復習

회화 복습

Track 18

다음의 『会話(かいわ)/회화』 스크립트를 보면서 복습해 보세요.

4과 日本語(にほんご)が 上手(じょうず)に なりたいです。

일본어를 잘하고 싶습니다.

Track 19

필수 문장 익히기

将来(しょうらい)、何(なに)に なりたいですか。 장래에 무엇이 되고 싶습니까?

有名(ゆうめい)な 歌手(かしゅ)に なりたいです。 유명한 가수가 되고 싶습니다.

KEY WORD

 名前(なまえ) 이름	 高校生(こうこうせい) 고등학생	 俳優(はいゆう) 배우
 作家(さっか) 작가	 選手(せんしゅ) 선수	 警察官(けいさつかん) 경찰관
 ニュース 뉴스	 ドラマ 드라마	 サービス 서비스

会話

세민이와 유키가 일본생활에 대해서 이야기하고 있습니다.

WORD

- もう 벌써, 이미, 이제
- すっかり 완전, 완전히
- 寒(さむ)く なる 추워지다
- だいぶ 꽤, 제법
- 生活(せいかつ) 생활
- 慣(な)れる 익숙해지다
- 最初(さいしょ) 처음, 최초
- 大変(たいへん)だ 힘들다
- どんな 어떤
- 点(てん) 점, 곳
- 漢字(かんじ)が 苦手(にがて)だ 한자를 잘 못하다
- 名前(なまえ) 이름
- ある程度(ていど) 어느 정도
- 聞(き)き取(と)り 듣기, 청해
- ～や ～랑
- ドラマ(drama) 드라마
- ニュース(news) 뉴스
- 役(やく)に 立(た)つ 도움이 되다
- ～と 思(おも)います ～라고 생각합니다
- もっと 더
- 上手(じょうず)に なりたいです 잘 하고 싶습니다

Track 20

キム もう すっかり 冬に なりましたね。

山下 そうですね。だいぶ 寒く なりましたね。
キムさん、日本の 生活には もう 慣れましたか。

キム はい、最初は ちょっと 大変でしたが。

山下 どんな 点が 大変でしたか。

キム 私は 漢字が 苦手なので、最初は 駅の 名前を 読むのが 難しかったです。

山下 最近は どうですか。

キム 漢字は ある程度 慣れましたが、聞き取りは まだ ちょっと……。

山下 聞き取りの 勉強には ドラマや ニュースが 役に 立つと 思いますよ。

キム そうですか。もっと 日本語が 上手に なりたいです。

文法まとめ

01 ～に なる, ～く なる 용법

명사	명사 + に なる	예 大学生に なる 대학생이 되다
い형용사	い + く なる	예 寒く なる 추워지다
な형용사	だ + に なる	예 好きに なる 좋아하게 되다

今年、弟は 高校生に なりました。

最近、会社が とても 忙しく なりました。

交通は 前より 便利に なりました。

この 店は サービスが よく なりました。

02 「の」의 쓰임

① 명사 + の + 명사 ～의 　예 これは 私の 本です。

② 명사 + の ～의 것 　예 この 傘は 鈴木さんのです。

③ 동격 ～인 　예 あの 人は 友達の 春香さんです。

④ 동사 + の ～하는 것 　예 外国語を 習うのは 大変ですね。

WORD

- 弟(おとうと) 남동생
- 高校生(こう こう せい) 고등학생
- 忙(いそが)しい 바쁘다
- 交通(こう つう) 교통
- サービス(service) 서비스
- 傘(かさ) 우산
- 外国語(がい こく ご) 외국어
- 習(なら)う 배우다
- 大変(たい へん)だ 힘들다

03 ～と 思(おも)います ～라고 생각합니다

명사	명사 だ + と 思(おも)います	예 彼(かれ)の 話(はなし)は うそだと 思(おも)います。
い형용사	～い + と 思(おも)います	예 ちょっと 高(たか)いと 思(おも)います。
な형용사	～だ + と 思(おも)います	예 あの 俳優(はいゆう)は 日本(にほん)で 一番(いちばん) 有名(ゆうめい)だと 思(おも)います。
동사	기본체 + と 思(おも)います	예 明日(あした)も 雨(あめ)が 降(ふ)ると 思(おも)います。

04 ～に なりたい ～이(가) 되고 싶다

① 私(わたし)は 歌(うた)が 上手(じょうず)に なりたいです。 (な형용사 활용)

私(わたし)も きれいに なりたいです。

② 立派(りっぱ)な サッカー選手(せんしゅ)に なりたいです。 (명사 활용)

私(わたし)は 有名(ゆうめい)な ドラマ作家(さっか)に なりたいです。

WORD

- 話(はなし) 이야기
- 俳優(はいゆう) 배우
- 一番(いちばん) 가장, 제일
- 雨(あめ)が 降(ふ)る 비가 오다
- 立派(りっぱ)だ 훌륭하다
- サッカー選手(せんしゅ) 축구선수
- ドラマ作家(さっか) 드라마 작가

話してみましょう

그림을 보고 예와 같이 말해 보세요.

1

예

とても便利だ

A：あの町の 交通は どう なりましたか。

B：とても 便利に なりました。

1

とても 暑い

A：日本の 天気は どうですか。

2

とても きれいだ

A：手術の 後、 彼女は どう なりましたか。

3

警察官

A：林さんは 将来 何に なりたいですか。

- **町**(まち) 마을
- **交通**(こう つう) 교통
- **天気**(てん き) 날씨
- **手術**(しゅ じゅつ)**の 後**(あと) 수술 후
- **彼女**(かの じょ) 그녀
- **将来**(しょう らい) 장래
- **警察官**(けい さつ かん) 경찰관

그림을 보고 예와 같이 말해 보세요.

2

예

とても いい

A : 野村(のむら)さんの 性格(せいかく)は どうですか。

B : とても いいと 思(おも)います。

1

とても おいしい

A : この ホテルの 料理(りょうり)は どうですか。

2

とても 上手(じょうず)だ

A : ワンさんの 歌(うた)は どうですか。

3

たぶん 来(く)る

A : 田中(たなか)さんは 明日(あした)の パーティーに 来(き)ますか。

WORD

- 性格(せいかく) 성격
- どうですか 어떻습니까?
- とても 매우, 참
- ホテル 호텔
- 料理(りょうり) 요리
- 歌(うた) 노래
- 上手(じょうず)だ 잘하다
- パーティー(party) 파티
- たぶん 아마, 아마도

読んでみましょう

읽어 봅시다

1 다음 내용을 큰 소리로 읽어보세요.

Track 21

セミンさんへ

お久(ひさ)しぶりです。/ お元気(げんき)ですか。/ イギリスは / 少(すこ)し 寒(さむ)くなりました。/

日本(にほん)は どうですか。/ 今年(ことし)、私(わたし)は / 会社員(かいしゃいん)に なりました。/ 会社(かいしゃ)は /

ロンドンに あります。/ 最近(さいきん) 会社(かいしゃ)が / 忙(いそが)しくて / ちょっと 大変(たいへん)です。/

学校(がっこう)の 生活(せいかつ)は どうですか。/ 日本語(にほんご)は / 上手(じょうず)に なりましたか。/

今度(こんど)、また / 電話(でんわ)で 話(はな)しましょう。/ ロンドンの 写真(しゃしん)を /

一緒(いっしょ)に 送(おく)ります。/ また メールを します。/ マリアより

2 다음 내용을 자신있게 읽어보세요.

Track 22

セミンさんへ
お久しぶりです。お元気ですか。イギリスは少し寒くなりました。
日本はどうですか。今年、私は会社員になりました。会社は
ロンドンにあります。最近会社が忙しくてちょっと大変です。
学校の生活はどうですか。日本語は上手になりましたか。
今度、また電話で話しましょう。ロンドンの写真を
一緒に送ります。またメールをします。 マリアより

WORD

- ～へ ~에게
- お久(ひさ)しぶりです 오랜만입니다
- お元気(げんき)ですか 잘 지내십니까
- イギリス 영국
- 少(すこ)し 조금, 약간
- ロンドン(London) 런던
- 忙(いそが)しい 바쁘다
- 写真(しゃしん) 사진
- 送(おく)る 보내다
- また 또, 다시
- メール(mail) 메일
- ～より ~로부터

書いてみましょう

써 봅시다

다음 예와 같이 일본어로 써 보세요.

1

예

高橋(たかはし)さんは 背(せ)が 高(たか)い

→ 高橋(たかはし)さんは 背(せ)が 高(たか)く なりました。

1

田中(たなか)さんは 立派(りっぱ)な サッカー選手(せんしゅ)だ

→ ＿＿＿＿＿＿＿＿＿＿＿＿＿＿＿＿＿＿＿＿。

2

山下(やました)さんは 髪(かみ)が 長(なが)い

→ ＿＿＿＿＿＿＿＿＿＿＿＿＿＿＿＿＿＿＿＿。

3

イさんは　英語(えいご)の 勉強(べんきょう)が 好(す)きだ

→ ＿＿＿＿＿＿＿＿＿＿＿＿＿＿＿＿＿＿＿＿。

4

キムさんは　学校(がっこう)の 成績(せいせき)が いい

→ ＿＿＿＿＿＿＿＿＿＿＿＿＿＿＿＿＿＿＿＿。

WORD

- 立派(りっぱ)だ 훌륭하다
- サッカー(soccer) 축구
- 選手(せんしゅ) 선수
- 髪(かみ) 머리, 머리카락
- 長(なが)い 길다
- 英語(えいご) 영어
- 勉強(べんきょう) 공부
- 好(す)きだ 좋아하다
- 成績(せいせき) 성적

聞いてみましょう

들어 봅시다

A 잘 듣고 밑줄 친 부분에 써 보세요.

Track 23

1 私は 歌が 上手＿＿＿＿＿ なりたいです。

2 私の 弟は だいぶ 背が ＿＿＿＿＿＿＿＿＿＿。

3 あの 俳優は 韓国で 一番 ＿＿＿＿＿＿＿＿＿＿と 思います。

B 그림을 보고 내용과 알맞은 번호를 고르세요.

1

2

テスト
聞き取り 70
漢字 30
文法 80

정답 ① ② ③

정답 ① ② ③

漢字・カタカナ練習

한 자 다음 한자를 읽고 따라 써 보세요.

작			
作 지을 **작**	作家 さっか 작가	作家 さっか	

보기 作曲(さっきょく) 작곡

선			
選 고를 **선**	選手 せんしゅ 선수	選手 せんしゅ	

보기 選出(せんしゅつ) 선출, 選択(せんたく) 선택

관			
官 벼슬 **관**	警察官 けいさつかん 경찰관	警察官 けいさつかん	

보기 官庁(かんちょう) 관청, 器官(きかん) 기관

가타카나 다음 가타카나를 읽고 따라 써 보세요.

뉴스			
ニュース news 뉴스	ニュース	ニュース	

드라마			
ドラマ drama 드라마	ドラマ	ドラマ	

会話復習

Track 24

다음의 『会話(かいわ)/회화』 스크립트를 보면서 복습해 보세요.

5과 場所(ばしょ)を 教(おし)えて ください。

장소를 가르쳐 주세요.

Track 25

필수 문장 익히기

今(いま) 何(なに)を して いますか。 지금 무엇을 하고 있습니까?

本(ほん)を 読(よ)んで います。 책을 읽고 있습니다.

KEY WORD

漫画(まんが)
만화

お茶(ちゃ)
차

手紙(てがみ)
편지

美術(びじゅつ)
미술

自転車(じてんしゃ)
자전거

地下鉄(ちかてつ)
지하철

ラジオ
라디오

テニス
테니스

パン
빵

会話

다니엘과 링이 취미생활에 대해서 이야기하고 있습니다.

WORD

- 雑誌(ざっし) 잡지
- 週(しゅう)に 一回(いっかい) 일주일에 한번
- 終(お)わってから 끝나고 나서
- 料理教室(りょうりきょうしつ) 요리교실, 요리학원
- ～に 通(かよ)う ～에 다니다
- パン 빵
- ケーキ 케이크
- 作(つく)る 만들다
- 동사 + の ~하는 것, ~하는 데
- 興味(きょうみ) 흥미
- パン屋(や) 빵가게
- 場所(ばしょ) 장소

회화

Track 26

ダニエル　リンさん、 何(なに)を 読(よ)んで いますか。

リン　日本料理(にほんりょうり)の 雑誌(ざっし)を 読(よ)んで います。

ダニエル　へ～、 日本料理(にほんりょうり)ですか。

リン　はい、 週(しゅう)に 一回(いっかい)、 学校(がっこう)が 終(お)わってから 料理教室(りょうりきょうしつ)に 通(かよ)って います。 ダニエルさんも 料理(りょうり)が 好(す)きですか。

ダニエル　私(わたし)は 料理(りょうり)より パンと ケーキを 作(つく)るのに 興味(きょうみ)が あります。

リン　そうなんですか。 家(うち)の 近(ちか)くに おいしい パン屋(や)が あるんですが。

ダニエル　本当(ほんとう)ですか。 私(わたし)も 行(い)って みたいです。 場所(ばしょ)を 教(おし)えて ください。

文法まとめ

01 동사의 て형

1그룹 동사 (5단동사)	う, つ, る → って ぬ, む, ぶ → んで く → いて ぐ → いで す → して ★行(い)く → 行(い)って	예 買(か)う → 買(か)って 読(よ)む → 読(よ)んで 書(か)く → 書(か)いて 話(はな)す → 話(はな)して 帰(かえ)る → 帰(かえ)って ★ 行(い)く → 行(い)って
2그룹 동사 (상1단동사 하1단동사)	る + て	예 見(み)る → 見(み)て 起(お)きる → 起(お)きて 食(た)べる → 食(た)べて 寝(ね)る → 寝(ね)て
3그룹 동사 (カ행변격동사 サ행변격동사)	来(く)る → 来(き)て する → して	예 来(く)る → 来(き)て 勉強(べんきょう)する → 勉強(べんきょう)して

Tip

い형용사의 て형 → い くて　　예 日本語(にほんご)は おもしろくて 簡単(かんたん)です。

な형용사의 て형 → だ で　　예 鈴木(すずき)さんは まじめで 親切(しんせつ)です。

〈て형 활용 연습〉

의미	동사	て형	의미	동사	て형
사다	買う		쓰다	書く	
만나다	会う		듣다, 묻다	聞く	
노래하다	歌う		걷다	歩く	
사용하다	使う		일하다	働く	
피우다, 빨다	吸う		헤엄치다	泳ぐ	
기다리다	待つ		가다	行く	
들다, 갖다	持つ		이야기하다	話す	
타다	乗る		보다	見る	
찍다	撮る		먹다	食べる	
만들다	作る		일어나다	起きる	
보내다	送る		자다	寝る	
돌아오다 (돌아가다)	帰る		가르치다	教える	
죽다	死ぬ		외우다, 기억하다	覚える	
읽다	読む		나오다 (나가다)	出る	
마시다	飲む		그만두다, 끊다	やめる	
쉬다	休む		걸다	かける	
놀다	遊ぶ		오다	来る	
부르다	呼ぶ		하다	する	

文法まとめ

〈て형 활용 연습 정답〉

의미	동사	て형	의미	동사	て형
사다	買(か)う	買(か)って	쓰다	書(か)く	書(か)いて
만나다	会(あ)う	会(あ)って	듣다, 묻다	聞(き)く	聞(き)いて
노래하다	歌(うた)う	歌(うた)って	걷다	歩(ある)く	歩(ある)いて
사용하다	使(つか)う	使(つか)って	일하다	働(はたら)く	働(はたら)いて
피우다, 빨다	吸(す)う	吸(す)って	헤엄치다	泳(およ)ぐ	泳(およ)いで
기다리다	待(ま)つ	待(ま)って	가다	行(い)く	行(い)って
들다, 갖다	持(も)つ	持(も)って	이야기하다	話(はな)す	話(はな)して
타다	乗(の)る	乗(の)って	보다	見(み)る	見(み)て
찍다	撮(と)る	撮(と)って	먹다	食(た)べる	食(た)べて
만들다	作(つく)る	作(つく)って	일어나다	起(お)きる	起(お)きて
보내다	送(おく)る	送(おく)って	자다	寝(ね)る	寝(ね)て
돌아오다 (돌아가다)	帰(かえ)る	帰(かえ)って	가르치다	教(おし)える	教(おし)えて
죽다	死(し)ぬ	死(し)んで	외우다, 기억하다	覚(おぼ)える	覚(おぼ)えて
읽다	読(よ)む	読(よ)んで	나오다 (나가다)	出(で)る	出(で)て
마시다	飲(の)む	飲(の)んで	그만두다, 끊다	やめる	やめて
쉬다	休(やす)む	休(やす)んで	걸다	かける	かけて
놀다	遊(あそ)ぶ	遊(あそ)んで	오다	来(く)る	来(き)て
부르다	呼(よ)ぶ	呼(よ)んで	하다	する	して

02 て형 활용 문법 I

～て います ～하고 있습니다	예 お茶(ちゃ)を 飲(の)んで います。 차를 마시고 있습니다.
～て ください ～해 주세요	예 日本語(にほんご)で 話(はな)して ください。 일본어로 이야기해 주세요.
～てから ～하고 나서	예 仕事(しごと)が 終(お)わってから 일이 끝나고 나서
～て みる ～해 보다	예 食(た)べて みる 먹어 보다

Tip

飲(の)む 마시다

飲(の)んで います ▶ 飲(の)んで ください ▶ 飲(の)んでから ▶ 飲(の)んで みる

마시고 있습니다 / 마셔 주세요 / 마시고 나서 / 마셔 보다

文法まとめ

03 ～て います　～하고 있습니다

地下鉄(ちかてつ)で ラジオを 聞(き)いて います。

部屋(へや)で 漫画(まんが)を 見(み)て います。

私(わたし)は ホテルで 働(はたら)いて います。

Tip

「～で 働(はたら)く(～에서 일하다)」를 하나의 숙어 표현처럼 외워 두세요.

04 ～に 通(かよ)う　～에 다니다

弟(おとうと)は 東京大学(とうきょうだいがく)に 通(かよ)って います。

リンさんは 留学生(りゅうがくせい)センターに 通(かよ)って います。

私(わたし)は 貿易会社(ぼうえきがいしゃ)に 通(かよ)って います。

WORD

- 地下鉄(ちかてつ) 지하철
- ラジオ(radio) 라디오
- 漫画(まんが) 만화
- ホテル(hotel) 호텔
- 留学生(りゅうがくせい) 유학생
- センター(center) 센터
- 貿易会社(ぼうえきがいしゃ) 무역회사

05 ～てから ～하고 나서

仕事が 終わってから 飲み会に 行きます。

大学に 入ってから お酒を 飲みました。

運動してから お風呂に 入ります。

Tip 「入る」는 「帰る」와 같이 예외 5단 동사이므로 「入ります」, 「入って」로 활용됩니다.

06 週に 1回 1주일에 한 번

週に 1回、 テニスを して います。

週に 2回、家族と 一緒に 食事を します。

週に 何回ぐらい 英語を 勉強して いるんですか。

WORD

- 仕事(しごと) 일, 직업
- 終(お)わる 끝나다, 마치다
- 飲(の)み会(かい) 술자리, 모임
- 運動(うんどう) 운동
- お風呂(ふろ)に 入(はい)る 목욕하다
- テニス(tennis) 테니스
- 食事(しょくじ) 식사
- ～ぐらい ～정도

文法まとめ

07 ～て みたい(です) ～해 보고 싶다(싶습니다)

私(わたし)も 食(た)べて みたいです。

もう 一度(いちど) 会(あ)って みたいです。

新(あたら)しい 携帯(けいたい)ですか。私(わたし)も 使(つか)って みたいです。

08 ～て ください ～해 주세요

ちょっと 待(ま)って ください。

日本語(にほんご)で 話(はな)して ください。

韓国(かんこく)へ 遊(あそ)びに 来(き)て ください。

WORD

- もう 一度(いち ど) 다시 한번, 한번 더
- 新(あたら)しい 새롭다
- 携帯(けい たい) 휴대전화
- 使(つか)う 사용하다, 쓰다
- ちょっと 좀, 약간
- 遊(あそ)びに 来(く)る 놀러 오다

★ て형을 활용한 필수 표현 I

A. ~て います ~하고 있습니다

1 コーヒーを 飲(の)んで います。 커피를 마시고 있습니다.

2 映画(えいが)を 見(み)て います。 영화를 보고 있습니다.

3 音楽(おんがく)を 聞(き)いて います。 음악을 듣고 있습니다.

4 友達(ともだち)に 会(あ)って います。 친구를 만나고 있습니다.

5 お風呂(ふろ)に 入(はい)って います。 목욕을 하고 있습니다.

6 日本語(にほんご)を 勉強(べんきょう)して います。 일본어를 공부하고 있습니다.

7 ホテルで 働(はたら)いて います。 호텔에서 일하고 있습니다.

B. ~て ください ~해 주세요

1 ゆっくり 休(やす)んで ください。 푹 쉬세요.

2 ゆっくり 食(た)べて ください。 천천히 드세요.

3 本(ほん)を 読(よ)んで ください。 책을 읽어 주세요.

4 写真(しゃしん)を 撮(と)って ください。 사진을 찍어 주세요.

5 バスに 乗(の)って ください。 버스를 타 주세요.

6 電話番号(でんわばんごう)を 教(おし)えて ください。 전화번호를 가르쳐 주세요.

7 日本語(にほんご)で 話(はな)して ください。 일본어로 이야기해 주세요.

話してみましょう

그림을 보고 예와 같이 말해 보세요.

1

예

公園(こうえん)で 写真(しゃしん)を 撮(と)る

A : 山下(やました)さんは 今(いま) 何(なに)を して いますか。

B : 公園(こうえん)で 写真(しゃしん)を 撮(と)って います。

1

家(うち)で テレビを 見(み)る

A : リンさんは 今(いま) 何(なに)を して いますか。

2

お風呂(ふろ)に 入(はい)る

A : 妹(いもうと)さんは 今(いま) 何(なに)を して いますか。

3

部屋(へや)で 音楽(おんがく)を 聞(き)く

A : 今(いま) 何(なに)を して いますか。

WORD

- **公園**(こうえん) 공원
- **写真**(しゃしん) 사진
- **テレビ** 텔레비전, TV
- **妹**(いもうと)**さん** (남의) 여동생
- **お風呂**(ふろ)**に 入**(はい)**る** 목욕하다
- **部屋**(へや) 방
- **音楽**(おんがく)**を 聞**(き)**く** 음악을 듣다

그림을 보고 예와 같이 말해 보세요.

2

예

友達に 会う, 映画を 見る, ご飯を 食べる

A：昨日は 何を しましたか。

B：友達に 会って 映画を 見て ご飯を 食べました。

1

お酒を 飲む, カラオケに 行く, 歌を 歌う

A：高橋さんの 誕生日には 何を しましたか。

2

自転車に 乗る, 公園へ 行く, 弁当を 食べる

A：週末には 何を しましたか。

3

会社へ 行く, 会議を する, 残業を する

A：明日は 何を しますか。

WORD

- ～には ~에는
- カラオケ 가라오케
- 歌(うた) 노래
- 週末(しゅう まつ) 주말
- 自転車(じ てん しゃ) 자전거
- 公園(こう えん) 공원
- 弁当(べん とう) 도시락
- 会議(かい ぎ) 회의
- 残業(ざん ぎょう) 잔업, 야근

読んでみましょう

읽어 봅시다

1 다음 내용을 큰 소리로 읽어보세요.

Track 27

最近 会社が 忙しくて / 運動する 時間が / あまり ありませんが、 /

週に 2回、 / 会社が 終わってから / スポーツセンターに 通って います。 /

時々、 仕事の 前に / 行く 時も あります。 /

明日は 鈴木さんに 会って / 一緒に テニスを します。 /

私は 運動を しながら / 汗を かくのが 大好きです。 /

2 다음 내용을 자신있게 읽어보세요.

Track 28

最近会社が忙しくて運動する時間があまりありませんが、

週に2回、会社が終わってからスポーツセンターに通っています。

時々、仕事の前に行く時もあります。

明日は鈴木さんに会って一緒にテニスをします。

私は運動をしながら汗をかくのが大好きです。

WORD

- 最近(さいきん) 최근
- 忙(いそが)しい 바쁘다
- 時間(じかん) 시간
- 週(しゅう)に2回(にかい) 일주일에 두 번
- 終(お)わる 끝나다
- ~てから ~하고 나서
- センター(center) 센터
- ~に 通(かよ)う ~에 다니다
- 時々(ときどき) 때때로
- 仕事(しごと) 일
- ~に 会(あ)う ~를 만나다
- テニス(tennis) 테니스
- 汗(あせ)を かく 땀을 흘리다

書いてみましょう

써 봅시다

다음 예와 같이 일본어로 써 보세요.

1

手紙を 書く

①手紙を 書いて います。

②手紙を 書いて ください。

③手紙を 書いてから

④手紙を 書いて みたいです。

1

地下鉄に 乗る

① ______________________。

② ______________________。

③ ______________________

④ ______________________。

2

美術を 教える

① ______________________。

② ______________________。

③ ______________________

④ ______________________。

3

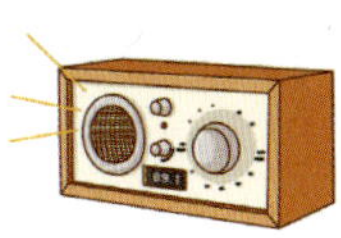

ラジオを 聞く

① ______________________。

② ______________________。

③ ______________________

④ ______________________。

WORD

- 手紙(てがみ) 편지
- 地下鉄(ちかてつ) 지하철
- 美術(びじゅつ)を 教(おし)える 미술을 가르치다
- ラジオ(radio) 라디오

聞いてみましょう

들어 봅시다

A 잘 듣고 밑줄 친 부분에 써 보세요.

Track 29

1 友達(ともだち)と コーヒーを ____________________________。

2 山下(やました)さんと 日本語(にほんご)で ____________________________。

3 私(わたし)も 日本料理(にほんりょうり)、____________________________。

B 그림을 보고 내용과 알맞은 번호를 고르세요.

1

2

정답	① ② ③

정답	① ② ③

漢字・カタカナ練習

한 자 다음 한자를 읽고 따라 써 보세요.

한자	단어	따라 쓰기	그림
紙 종이 지	手紙 て がみ 편지	手紙 て がみ	

보기 色紙(いろがみ) 색종이, 折(お)り紙(がみ) 종이접기

한자	단어	따라 쓰기	그림
美 아름다울 미	美術 び じゅつ 미술	美術 び じゅつ	

보기 美人(びじん) 미인, 美容(びよう) 미용

한자	단어	따라 쓰기	그림
地 땅 지	地下鉄 ち か てつ 지하철	地下鉄 ち か てつ	

보기 地域(ちいき) 지역

가타카나 다음 가타카나를 읽고 따라 써 보세요.

단어	따라 쓰기	따라 쓰기	그림
ラジオ radio 라디오	ラジオ	ラジオ	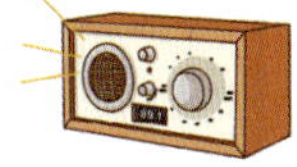
テニス tennis 테니스	テニス	テニス	

Track 30

다음의 『会話(かいわ)/회화』 스크립트를 보면서 복습해 보세요.

6과

どこに 住(す)んで いますか。

어디에 살고 있습니까?

Track 31

필수 문장 익히기

今(いま) どこに 住(す)んで いますか。 지금 어디에 살고 있습니까?

千葉(ちば)に 住(す)んで います。 치바에 살고 있습니다.

KEY WORD

 雨(あめ) 비	 雪(ゆき) 눈	 結婚(けっこん) 결혼
 家賃(やちん) 집세	 寮(りょう) 기숙사	 引(ひ)っ越(こ)し 이사
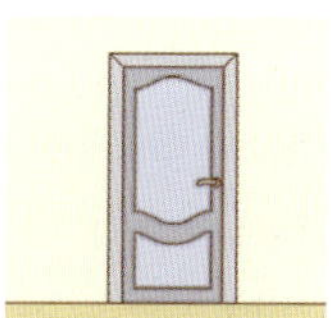 ドア 문	 アパート 아파트	 マンション 맨션

会話

준과 하나가 현재 사는 곳에 대해서 이야기하고 있습니다.

WORD

- ~に 住(す)む ~에 살다
- 静(しず)かだ 조용하다
- 家賃(やちん) 집세
- ~から ~이기 때문에
- 気(き)に入(い)っています 마음에 듭니다
- 電車(でんしゃ)で 전철로
- 1時間(いちじかん) 한 시간
- ~ぐらい ~정도
- かかる 걸리다, 소요되다
- 家(うち·いえ) 집
- 歩(ある)いて 걸어서
- ~しか ~밖에
- 便利(べんり)だ 편리하다
- 1人暮(ひとりぐ)らし 혼자 삶, 독신
- 姉(あね) 누나, 언니
- 結婚(けっこん) 결혼
- 両親(りょうしん) 부모님
- ~だけ ~뿐, ~만

Track 32

高橋(たかはし) イさんは どこに 住(す)んで いますか。

イ 埼玉(さいたま)に 住(す)んで います。 静(しず)かで 家賃(やちん)も 安(やす)いから 気(き)に入(い)って います。

高橋(たかはし) 家(うち)から 学校(がっこう)まで どのぐらい かかりますか。

イ 電車(でんしゃ)で 1時間(いちじかん)ぐらい かかります。

高橋(たかはし)さんの 家(うち)は どこですか。

高橋(たかはし) 千葉(ちば)です。家(うち)から 駅(えき)まで 歩(ある)いて 5分(ごふん)ぐらいしか かかりません。

イ 便利(べんり)で いいですね。1人暮(ひとりぐ)らしですか。

高橋(たかはし) いいえ、 家族(かぞく)と 住(す)んで います。でも、姉(あね)は 結婚(けっこん)して いますから、今(いま)は 両親(りょうしん)と 私(わたし)の 3人(さんにん)だけです。

Tip 일본의 아파트(アパート)는 2층 건물의 저층 또는 목조구조의 집합 주택을 말합니다. 반면, 한국의 아파트는 고층의 집합주택을 말하는데 일본에서 이에 해당하는 것을 맨션(マンション)이라고 합니다.

文法まとめ

01 「〜て いる」, 「〜て います」의 상태 용법

1. 자연현상

雨(あめ)が 降(ふ)って います。
비가 내리고 있습니다.

雪(ゆき)が 降(ふ)って います。
눈이 내리고 있습니다.

風(かぜ)が 吹(ふ)いて います。
바람이 불고 있습니다.

2. 상태

佐藤(さとう)さんを 知(し)って いますか。	사토 씨를 알고 있습니까?
カードを 持(も)って いますか。	카드를 갖고 있습니까?
どこに 住(す)んで いますか。	어디에 살고 있습니까?
→ 大阪(おおさか)に 住(す)んで います。	오사카에 살고 있습니다.
田中(たなか)さんは 結婚(けっこん)して いますか。	다나카 씨는 결혼했습니까?
この 映画(えいが)を 見(み)ましたか。	이 영화를 봤습니까?
→ はい、見(み)ました。	네, 봤습니다
→ いいえ、まだ 見(み)て いません。(○)	아니요, 아직 안 봤습니다
いいえ、まだ 見(み)ませんでした。(X)	

WORD

- 雨(あめ) 비
- 雪(ゆき) 눈
- 風(かぜ) 바람
- カード(card) (신용)카드 (= クレジットカード)
- 結婚(けっこん) 결혼

3. 착용

着(き)る	スーツ 정장	ブラウス 블라우스	シャツ 셔츠	セーター 스웨터	コート 코트	ワンピース… 원피스
履(は)く	ズボン 바지	ジーンズ 청바지	スカート 스커트	靴(くつ) 구두	靴下(くつした) 양말	ハイヒール … 하이힐
かぶる	帽子(ぼうし) 모자					
かける	眼鏡(めがね) 안경	サングラス 선글라스	かばん 가방			
しめる	ネクタイ 넥타이	ベルト 벨트				
する	指輪(ゆびわ) 반지	ネックレス 목걸이	ピアス 귀고리	スカーフ 스카프	腕時計(うでどけい) 손목시계	手袋(てぶくろ) 장갑

02 だけ/しか ~만, ~뿐/~밖에

だけ ~만, ~뿐	しか + 부정문 ~밖에
예 女(おんな)の人(ひと)は 1人(ひとり)だけです。	예 女(おんな)の人(ひと)は 1人(ひとり)しか いません。
예 お金(かね)は 1000円(せんえん)だけです。	예 お金(かね)は 1000円(せんえん)しか ありません。
예 飲(の)み物(もの)は 水(みず)だけです。	예 飲(の)み物(もの)は 水(みず)しか ありません。
예 駅(えき)から 歩(ある)いて 5分(ごふん)だけです。	예 駅(えき)から 歩(ある)いて 5分(ごふん)しか かかりません。

WORD

- 女(おんな)の 人(ひと) 여자
- 飲(の)み物(もの) 음료수
- 駅(えき) 역
- お金(かね) 돈
- 水(みず) 물
- 歩(ある)く 걷다

文法まとめ

03 ～から　～이니까, ～이기 때문에 (접속조사)

명사	명사 だ + から 명사です + から	예 会社員だから 会社員ですから	비교 会社員なので 会社員ですので
い 형용사	～い + から ～いです + から	예 おもしろいから おもしろいですから	비교 おもしろいので おもしろいですので
な 형용사	～だ + から ～ だ + です + から	예 便利だから 便利ですから	비교 便利なので 便利ですので
동사	기본형 + から ～ます+ から	예 買い物するから 買い物しますから	비교 買い物するので 買い物しますので

※ 이 외에도 부정형, 과거형, 과거 부정형으로 활용할 수 있습니다.

Tip 일반적으로「から」는 말하는 이의 주관적인 생각이나 의지를 표현할 때 쓰이고,「ので」는 원인이나 이유를 보다 객관적으로 표현할 때 쓰입니다.

寒(さむ)いから ドアを 閉(し)めて ください。

キムさんは アメリカに 住(す)んで いましたから、英語(えいご)が 上手(じょうず)だと 思(おも)います。

この マンションは 駅(えき)から 近(ちか)いから、家賃(やちん)も 高(たか)いです。

WORD

- 買(か)い物(もの) 쇼핑
- ドア(door) 문
- 閉(し)める 닫다
- アメリカ(America) 미국
- 近(ちか)い 가깝다
- マンション(mansion) 맨션
- 家賃(やちん) 집세

＊ 표현 PLUS ＊ 착용에 관한 표현

ダニエル
眼鏡(めがね), Tシャツ, ズボン, 靴(くつ)

예 ダニエルさんは どんな かっこうを して いますか。
어떤 옷차림을 하고 있습니까?

眼鏡(めがね)を かけて、Tシャツを 着(き)て、ズボンを 履(は)いて 靴(くつ)を 履(は)いて います。

A

山田(やまだ)
スーツ, Yシャツ,
ネクタイ, 靴(くつ)

B

リン
ブラウス, スカート,
スニーカー

C

山下(やました)
帽子(ぼうし), ワンピース,
ネックレス, 靴(くつ)

WORD

- どんな 어떤
- かっこう 옷차림
- ズボン 바지
- スーツ(suit) 수트, 양복
- スニーカー(sneakers) 운동화, 스니커즈

話してみましょう

그림을 보고 예와 같이 말해 보세요.

1

예

京都(きょうと)に 住(す)む

A : 京都(きょうと)に 住(す)んで いますか。

B : はい、京都(きょうと)に 住(す)んで います。

いいえ、京都(きょうと)に 住(す)んで いません。

1

雨(あめ)が 降(ふ)る

A : 今(いま)、雨(あめ)が 降(ふ)って いますか。

2

結婚(けっこん)する

A : 結婚(けっこん)して いますか。

3

学生証(がくせいしょう)を 持(も)つ

A : 学生証(がくせいしょう)を 持(も)って いますか。

WORD

- 京都(きょう と) 교토(일본 지명)
- 結婚(けっ こん) 결혼
- 学生証(がく せい しょう) 학생증
- 持(も)つ 갖다, 들다

그림을 보고 예와 같이 말해 보세요.

2

예

歩いて 5分

A : 寮から 学校まで どのぐらい かかりますか。

B : 歩いて 5分ぐらい かかります。

歩いて 5分ぐらいしか かかりません。

1

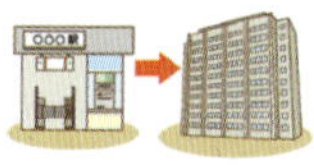

自転車で 10分

A : 駅から マンションまで どのぐらい かかりますか。

2

車で 30分

A : 家から 会社まで どのぐらい かかりますか。

3

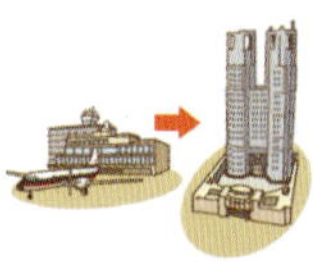

バスで 40分

A : 羽田空港から 新宿まで どのぐらい かかりますか。

WORD

- 寮(りょう) 기숙사
- 学校(がっこう) 학교
- どのぐらい 얼마나, 어느 정도
- かかる 걸리다, 소요되다
- 歩(ある)く 걷다
- 自転車(じてんしゃ) 자전거
- マンション(mansion) 맨션
- 車(くるま) 차
- バス(bus) 버스
- 空港(くうこう) 공항

読んでみましょう

읽어 봅시다

1 다음 내용을 큰 소리로 읽어보세요.

Track 33

私は埼玉に住んでいます。/ 前は新宿の近くに / 住んでいましたが、/

去年引っ越しました。/ 埼玉は新宿より / 家賃も安いし、/

周りも静かだから、/ 気に入っています。/ 埼玉には /

スーパーアリーナという / 有名なコンサート会場があって、/

私は時々 / 人気歌手のコンサートを見に行きます。/

来週もバイトが終わってから / 友達と一緒に / 行く予定です。/

2 다음 내용을 자신있게 읽어보세요

Track 34

私は埼玉に住んでいます。前は新宿の近くに住んでいましたが、
去年引っ越しました。埼玉は新宿より家賃も 安いし、
周りも静かだから、気に入っています。埼玉には
スーパーアリーナという有名なコンサート会場があって、
私は時々人気歌手のコンサートを見に行きます。
来週もバイトが終わってから友達と一緒に行く予定です。

WORD

- 埼玉(さいたま) 사이타마(지명)
- 去年(きょねん) 작년
- 引(ひ)っ越(こ)す 이사하다
- 家賃(やちん) 집세
- 周(まわ)り 주변
- 気(き)に 入(い)っています 마음에 듭니다
- スーパーアリーナ 슈퍼아레나
- ～という ～라고 하는
- コンサート会場(かいじょう) 콘서트장
- 時々(ときどき) 때때로, 종종
- コンサート(concert) 콘서트
- 来週(らいしゅう) 다음 주
- ～が 終(お)わってから ～이/가 끝나고 나서
- 予定(よてい) 예정

書いてみましょう

다음 예와 같이 일본어로 써 보세요.

1

예

ホテルを 予約しましたか。

→ はい、予約しました。

いいえ、まだ 予約して いません。

1

朝ごはんを 食べましたか。

→ ____________________。

____________________。

2

この 小説、 読みましたか。

→ ____________________。

____________________。

3

田中さんは 来ましたか。

→ ____________________。

____________________。

4

新しい 携帯を 使いましたか。

→ ____________________。

____________________。

WORD

- ホテル(hotel) 호텔
- 予約(よ やく) 예약
- 朝(あさ)ごはん 아침밥
- 小説(しょう せつ) 소설
- 新(あたら)しい 새롭다
- 携帯(けい たい) 휴대전화
- 使(つか)う 사용하다, 쓰다

聞いてみましょう

들어 봅시다

A 잘 듣고 밑줄 친 부분에 써 보세요.

Track 35

1 私の 家族は 韓国 ______________________。

2 私は まだ 結婚 ______________________。

3 この マンションは 静かで 家賃も ____________________ いいですね。

B 그림을 보고 내용과 알맞은 번호를 고르세요.

1

2

정답	① ② ③

정답	① ② ③

漢字・カタカナ練習

한자・가타카나 연습

한 자 다음 한자를 읽고 따라 써 보세요.

雪 눈 **설**	雪 ゆき 눈	雪 ゆき	

보기 雪見(ゆきみ) 눈구경, 雪国(ゆきぐに) 설국

婚 혼인할 **혼**	結婚 けっ こん 결혼	結婚 けっ こん	

보기 新婚(しんこん) 신혼, 婚約(こんやく) 약혼

賃 품삯 **임**	家賃 や ちん 집세	家賃 や ちん	

보기 賃貸(ちんたい) 임대, 運賃(うんちん) 운임

가타카나 다음 가타카나를 읽고 따라 써 보세요.

アパート apartment 아파트	アパート	アパート	

マンション mansion 맨션	マンション	マンション	

会話復習

회화 복습

Track 36

다음의 『会話(かいわ)/회화』 스크립트를 보면서 복습해 보세요.

7과 毎日(まいにち) 来(き)ても いいですか。

매일 와도 됩니까?

Track 37

필수 문장 익히기

ここで 写真(しゃしん)を 撮(と)っても いいですか。 여기에서 사진을 찍어도 됩니까?

いいえ、撮(と)っては いけません。 아니요, 찍으면 안 됩니다.

KEY WORD

 お菓子(かし) 과자	 人形(にんぎょう) 인형	 恋人(こいびと) 애인
 窓(まど) 창문	 病院(びょういん) 병원	 美術館(びじゅつかん) 미술관
 アニメ 애니메이션	 デザート 디저트	 レポート 리포트

会話

세민이와 유키가 회전초밥에 대해서 이야기하고 있습니다.

WORD

- 平日(へいじつ) 평일
- ～のに ~인데도
- けっこう 꽤, 제법
- 回転寿司屋(かいてんずしや) 회전초밥집
- はじめて 처음
- 寿司(すし) 초밥
- でも 하지만, 그렇지만
- 値段(ねだん) 가격
- ～でしょう ~이죠, ~이겠죠?
- 何(なん)でも 뭐든지, 무엇이든지
- 飲(の)み物(もの) 음료, 마실 것
- ～や ~랑
- デザート(dessert) 디저트
- もっと 좀 더
- ～かも しれません ~일지도 모릅니다
- 全部(ぜんぶ) 전부
- ～ても いいですか ~해도 됩니까?
- ～ばかり ~만

Track 38

キム え～、平日(へいじつ)なのに 人(ひと)が けっこう 多(おお)いですね。

山下(やました) はい。ここは 安(やす)くて おいしいんです。

キムさん、回転寿司屋(かいてんずしや)は はじめてですか。

キム はい。でも、日本(にほん)の 寿司(すし)は 値段(ねだん)が 高(たか)いでしょう。

山下(やました) いいえ、この 店(みせ)の 寿司(すし)は 105円(えん)ですよ。

キム え? 何(なん)でも 105円(えん)ですか。

山下(やました) はい、飲(の)み物(もの)や デザートは もっと 高(たか)いかも しれませんが、

寿司(すし)は 全部(ぜんぶ) 105円(えん)です。

キム え～、本当(ほんとう)ですか。ここ、毎日(まいにち) 来(き)ても いいですか。

山下(やました) え! 毎日(まいにち) 寿司(すし)ばかり 食(た)べるのは ちょっと……。

Tip

일본의 대표적인 요리인 스시(すし)는 밥에 식초를 넣은 것을 주재료로 하는 일본요리로 밥을 손으로 잡아 사각형 모양을 만들고 고추냉이를 넣어 그 위에 다시 생선을 올려서 먹는 대표적인 초밥을 말하는 니기리즈시(握(にぎ)りずし), 김밥처럼 말아서 먹는 마끼즈시(巻(ま)きずし), 나무로 만든 상자모양에 스시밥을 넣은 오시즈시(押(お)しずし), 유부초밥처럼 졸인 유부 안에 스시밥을 넣은 이나리즈시(いなりずし) 등이 있습니다. 스시는 밥이 발효될 때 유산균이 나오며 이 유산균이 생선을 보존시켰다고 합니다.

文法まとめ

01 ~(な)のに ~인데도

~(な)のに ~인데도			~(な)ので ~이니까, ~이기 때문에		
명사	명사 + なのに	예 休みなのに	명사	명사 + なので	예 休みなので
な형용사	~だ + なのに	예 好きなのに	な형용사	~だ + なので	예 好きなので
い형용사	~い + のに	예 安いのに	い형용사	~い + ので	예 安いので
동사	기본형 + のに	예 行くのに	동사	기본형 + ので	예 行くので

※ 이 외에도 부정형, 과거형, 과거 부정형으로 활용할 수 있습니다.

せっかくの 休みなのに 私は 会社へ 行きます。

あの 俳優は 演技が 上手なのに あまり 人気が ないです。

この アパートは 駅から 遠いのに 家賃が 高いです。

今 どこに 行くんですか。雨が たくさん 降っているのに。

WORD

- せっかく 모처럼
- 休(やす)み 휴일
- 俳優(はいゆう) 배우
- 演技(えんぎ) 연기
- 人気(にんき) 인기
- アパート(apartment) 아파트
- 家賃(やちん) 집세
- たくさん 많이

02 ~でしょう ~(이)죠? (확인, 동의) ↗ / ~이겠죠 (추측) ↘

これは 日本の お菓子でしょう。(확인, 동의)

ホテルの デザートは 高いでしょう。(확인, 동의)

明日も たぶん 雨が 降るでしょう。(추측)

03 ~かも しれません ~일지도 모릅니다

명사	명사 + かも しれません	예 学生かも しれません
い형용사	~い + かも しれません	예 高いかも しれません
な형용사	だ + かも しれません	예 静かかも しれません
동사	기본형 + かも しれません	예 雪が 降るかも しれません

今日は 週末だから 人が 多いかも しれません。

あの 歌手は 中国で もっと 有名かも しれません。

明日は 病院へ 行くかも しれません。

WORD

- お菓子(かし) 과자
- ホテル(hotel) 호텔
- デザート(dessert) 디저트
- 作家(さっか) 작가
- たぶん 아마
- 雨(あめ)が 降(ふ)る 비가 오다
- 静(しず)かだ 조용하다
- 雪(ゆき) 눈
- 週末(しゅうまつ) 주말
- もっと 좀 더
- 有名(ゆうめい)だ 유명하다
- 病院(びょういん) 병원

文法まとめ

05 ~ても いいです ~해도 됩니다
~ては いけません ~해서는 안 됩니다

ここで たばこを 吸(す)っても いいですか。

窓(まど)を 開(あ)けては いけません。

来週(らいしゅう)の 月曜日(げつようび)に レポートを 出(だ)しても いいですか。

Tip

~ても いいです	=	~ても かまいません	~해도 됩니다, ~해도 상관없습니다
~ては いけません	=	~ては だめです	~해서는 안 됩니다

WORD

- たばこを 吸(す)う 담배를 피우다
- 窓(まど)を 開(あ)ける 창문을 열다
- レポートを 出(だ)す 리포트(report)를 내다
- 来週(らいしゅう) 다음 주

＊ 표현 PLUS ＊ 日本料理 일본 요리

ラーメン
라면

うどん
우동

そば
소바

すし
초밥

さしみ
회

焼き肉
(일본식) 불고기

お好み焼き
오코노미야키

すきやき
(일본식) 전골

牛丼
쇠고기 덮밥

天丼
튀김덮밥

おにぎり
삼각김밥

たこ焼き
다코야키

話してみましょう

그림을 보고 예와 같이 말해 보세요.

1

예

たばこを 吸(す)う

A：ここで たばこを 吸(す)っても いいですか。

B：はい、吸(す)っても いいです。

いいえ、吸(す)っては いけません。

1

写真(しゃしん)を 撮(と)る

A：ここで 写真(しゃしん)を 撮(と)っても いいですか。

2

窓(まど)を 開(あ)ける

A：窓(まど)を 開(あ)けても いいですか。

3

お風呂(ふろ)に 入(はい)る

A：お風呂(ふろ)に 入(はい)っても いいですか。

WORD

- たばこを 吸(す)う
  담배를 피우다
- 窓(まど)を 開(あ)ける
  창문을 열다
- 写真(しゃしん)を 撮(と)る
  사진을 찍다
- お風呂(ふろ)に 入(はい)る
  목욕하다

2

예

日本料理(にほんりょうり)

A : 日本料理(にほんりょうり)は はじめてですか。

B : はい、はじめてです。

いいえ、はじめてじゃ ないです。

1 

この 歌(うた)

2 

アメリカ出張(しゅっちょう)

3 

英語(えいご)の 授業(じゅぎょう)

4 

日本酒(にほんしゅ)

WORD

- 日本料理(にほん りょうり) 일본요리
- はじめて 처음
- 歌(うた) 노래
- アメリカ(America) 미국
- 出張(しゅっ ちょう) 출장
- 英語(えい ご) 영어
- 授業(じゅ ぎょう) 수업
- 日本酒(に ほん しゅ) 일본술

読んでみましょう

읽어 봅시다

1 다음 내용을 큰 소리로 천천히 읽어 보세요.

Track 39

私(わたし)と 友達(ともだち)は / 日本(にほん)の アニメが 大好(だいす)きなので、/ ジブリ美術館(びじゅつかん)を 予約(よやく)して /

行(い)く つもりです。/ ジブリ美術館(びじゅつかん)は / JR中央線(ちゅうおうせん) 三鷹駅(みたかえき)から / 15分(じゅうごふん)の 所(ところ)に

あります。/ 私(わたし)は 三鷹駅(みたかえき)は はじめてです。/ 私(わたし)の 家(うち)から 近(ちか)いですが、/

友達(ともだち)の 家(うち)からは / ちょっと 遠(とお)いかも しれません。/ 美術館(びじゅつかん)の 外(そと)では /

写真(しゃしん)を 撮(と)っても いいですが、/ 内部(ないぶ)では 撮(と)ってはいけません。/

とても 残念(ざんねん)です。/

2 다음 내용을 실제 속도로 읽어 보세요.

Track 40

私と友達は日本のアニメが大好きなので、ジブリ美術館を予約して行くつもりです。ジブリ美術館はJR中央線三鷹駅から15分の所にあります。私は三鷹駅ははじめてです。私の家から近いですが、友達の家からはちょっと遠いかもしれません。美術館の外では写真を 撮ってもいいですが、内部では撮ってはいけません。とても残念です。

WORD

- **アニメ**(animation) 애니메이션의 줄임말
- **ジブリ美術館**(びじゅつかん) 지브리 미술관
- **中央線**(ちゅうおうせん) 중앙선
- **所**(ところ) 곳
- **はじめて** 처음
- **近(ちか)い** 가깝다
- **遠(とお)い** 멀다
- **~かもしれません** ~일지도 모릅니다
- **外**(そと) 밖
- **写真(しゃしん)を 撮(と)る** 사진을 찍다
- **内部**(ないぶ) 내부
- **~ては いけません** ~해서는 안 됩니다
- **残念(ざんねん)だ** 유감이다

書いてみましょう

써 봅시다

다음 예와 같이 일본어로 써 보세요.

1

예 

お菓子(かし)を 食(た)べる

→ お菓子(かし)を 食(た)べても いいです。

お菓子(かし)を 食(た)べては いけません。

1 

家(うち)へ 帰(かえ)る

→ ______________________________。

______________________________。

2 

中山(なかやま)さんと 結婚(けっこん)する

→ ______________________________。

______________________________。

2

예 雨(あめ)が 降(ふ)る → 明日(あした)は 雨(あめ)が 降(ふ)るかも しれません。

1 ちょっと 難(むずか)しい → この 問題(もんだい)は ______________________________。

2 もっと 野球(やきゅう)が 上手(じょうず)だ → あの 選手(せんしゅ)が ______________________________。

WORD

- お菓子(かし) 과자
- 家(うち)へ 帰(かえ)る 집에 돌아오다
- 結婚(けっこん) 결혼
- 雨(あめ)が 降(ふ)る 비가 오다
- 選手(せんしゅ) 선수
- もっと 좀 더
- 野球(やきゅう)が 上手(じょうず)だ 야구를 잘하다

聞いてみましょう

들어 봅시다

A 잘 듣고 밑줄 친 부분에 써 보세요.

Track 41

1. 窓(まど)を ＿＿＿＿＿＿＿＿ いいですか。

2. ここで 写真(しゃしん)を 撮(と)っては ＿＿＿＿＿＿＿＿。

3. 来年(らいねん)、彼女(かのじょ)と 結婚(けっこん)する＿＿＿＿＿＿＿＿。

B 그림을 보고 내용과 알맞은 번호를 고르세요.

1.

정답	① ② ③

2.

정답	① ② ③

한 자 다음 한자를 읽고 따라 써 보세요.

恋
그리워할 **련**

恋人
こい びと
애인

恋人
こい びと

보기 初恋(はつこい) 첫사랑

窓
창 **창**

窓
まど
창문

窓
まど

보기 窓口(まどぐち) 창구, 窓側(まどがわ) 창가

病
병 **병**

病院
びょう いん
병원

病院
びょう いん

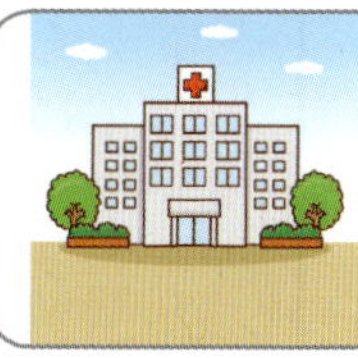

보기 病気(びょうき) 병, 伝染病(でんせんびょう) 전염병

가타카나 다음 가타카나를 읽고 따라 써 보세요.

アニメ
animation 애니메이션

アニメ

アニメ

レポート
report 리포트

レポート

レポート

会話復習

Track 42

다음의 『会話(かいわ)/회화』 스크립트를 보면서 복습해 보세요.

8과 授業(じゅぎょう)に 遅(おく)れて しまいました。

수업에 늦어버렸습니다.

Track 43

필수 문장 익히기

どう しましたか。 무슨 일입니까(왜 그래요)?

飲(の)みすぎて 気分(きぶん)が 悪(わる)いです。 과음해서 속이 안 좋습니다.

KEY WORD

魚(さかな)
생선

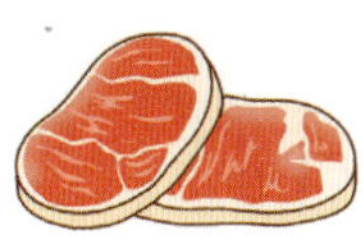

肉(にく)
고기

美容院(びよういん)
미용실

卒業(そつぎょう)
졸업

残業(ざんぎょう)
야근, 잔업

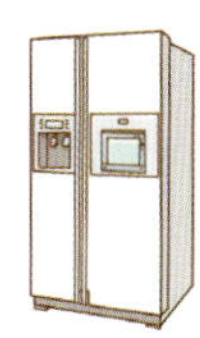

冷蔵庫(れいぞうこ)
냉장고

ビール
맥주

ダイエット
다이어트

カラオケ
가라오케

会話

링이 학교 선배와 이야기하고 있습니다.

WORD

- 顔色(かお いろ) 안색
- 実(じつ)は 실은
- 飲(の)み会(かい) 술자리, 모임
- 飲(の)みすぎる 과음하다
- ずっと 쭉
- ～て ばかり いる ～하고만 있다
- 大丈夫(だい じょう ぶ) 괜찮음
- 今朝(けさ) 오늘 아침
- 朝寝坊(あさ ね ぼう) 아침 늦잠
- 授業(じゅ ぎょう) 수업
- 遅(おく)れる 늦다, 지각하다
- そうなんだ 그렇구나
- 大変(たい へん)だったね 힘들었겠네
- 気分(き ぶん)が あまり よく ない 속이 별로 안 좋다
- ～けど ～이지만
- ちょっと 待(ま)って 잠깐만 (기다려)
- 二日酔(ふつか よ)い 숙취
- 最高(さい こう) 최고
- 効(き)く 효과 있다, (약)이 잘 듣다
- 早(はや)く 빨리
- 寝(ね)なさい 자요, 자라
- 先輩(せん ぱい) 선배

Track 44

先輩(せんぱい)　リンさん、今日(きょう) 顔色(かおいろ)が 悪(わる)いね。

リン　実(じつ)は 昨日(きのう) 飲(の)み会(かい)が あって みんな 飲(の)みすぎて……。
最近(さいきん)、飲(の)み会(かい)が 多(おお)くて ずっと お酒(さけ)を 飲(の)んで ばかり います。

先輩(せんぱい)　え～、大丈夫(だいじょうぶ)?

リン　今朝(けさ)も 朝寝坊(あさねぼう)して 学校(がっこう)の 授業(じゅぎょう)にも 遅(おく)れて しまいました。

先輩(せんぱい)　そうなんだ。大変(たいへん)だったね。

リン　はい。今(いま)も 気分(きぶん)が あまり よく ないんですけど。

先輩(せんぱい)　あ、ちょっと 待(ま)って!

(편의점에 들어갔다 와서)

先輩(せんぱい)　二日酔(ふつかよ)いには これが 最高(さいこう)。よく 効(き)くよ。
家(うち)に 帰(かえ)って これを 飲(の)んで 早(はや)く 寝(ね)なさい。

リン　は～い。先輩(せんぱい)。

Tip

회식이나 술자리에서 보통 한국은 술을 마실 때 술잔이 비면 술을 따라주는데,
일본에서는 술잔이 조금만 비어도 계속해서 술을 따라줍니다.
「乾杯(かんぱい) 건배」, 「二日酔(ふつかよ)い 숙취」, 「一次会(いちじかい) 1차」, 「二次会(にじかい) 2차」 등의 관련 단어들도 알아두세요.

文法まとめ

01 ～すぎる 너무 ～하다

い형용사	い + すぎる	예 長(なが)すぎる 너무 길다
な형용사	だ + すぎる	예 簡単(かんたん)すぎる 너무 간단하다
동사	ます형 + すぎる	예 食(た)べすぎる 너무 많이 먹다

美容院(びよういん)で 髪(かみ)を 切(き)りましたが、短(みじか)すぎます。

この 町(まち)は 静(しず)かすぎますね。

キムさんの 誕生日(たんじょうび)パーティーが あって みんな 飲(の)みすぎました。

WORD

- 美容院(びよういん) 미장원
- 髪(かみ)を 切(き)る 머리를 자르다(예외 5단 동사 - 활용 切(き)ります)
- 短(みじか)い 짧다
- 町(まち) 마을
- 誕生日(たんじょうび) 생일
- パーティー (party) 파티

02 ～て ばかり います ～하고만 있습니다

今日は 一日中 パソコンを して ばかり います。

最近は 会社で 残業して ばかり います。

昨日は 家で 一日中 寝て ばかり いました。

03 ～て しまう ～해 버리다
～て しまいました ～해 버렸습니다

弟は プレゼント用の ワインを 飲んで しまいました。

ダイエット中なのに 冷蔵庫の ケーキを 全部 食べて しまいました。

値段は とても 高かったですが、結局 買って しまいました。

WORD

- 一日中(いち にち じゅう) 하루 종일
- パソコン(personal computer) 컴퓨터
- 最近(さい きん) 최근, 요즘
- 残業(ざん ぎょう) 야근, 잔업
- プレゼント用(よう) 선물용
- ワイン(wine) 와인
- ダイエット(diet) 다이어트
- ～中(ちゅう) ～하는 중
- ～のに ～인데도
- 冷蔵庫(れい ぞう こ) 냉장고
- ケーキ(cake) 케이크
- 全部(ぜん ぶ) 전부

文法まとめ

04 ～けど　~이지만, ~인데

この 食堂(しょくどう)は 量(りょう)は 多(おお)いけど あまり おいしくない。

肉(にく)より 魚(さかな)の 方(ほう)が 好(す)きなんですけど。

今日(きょう)は 久(ひさ)しぶりに 友達(ともだち)に 会(あ)うんですけど。

「~けど」는 앞 문장과 뒷 문장이 서로 반대되는 역접의 의미로 사용됩니다.
「~が」보다는 좀 더 회화체에서 많이 사용되는데, 의미는 같습니다.

05 ～なさい　~하세요, ~하시오

次(つぎ)の 漢字(かんじ)を ひらがなで 書(か)きなさい。

正(ただ)しい ものを A, B, C, Dの 中(なか)から ひとつ 選(えら)びなさい。

明日(あした)から 早(はや)く 来(き)なさい。

WORD

- 食堂(しょくどう) 식당
- 量(りょう) 양
- 肉(にく) 고기
- 魚(さかな) 생선
- ～の 方(ほう) ~쪽, -편
- 久(ひさ)しぶりに 오랜만에
- 次(つぎ) 다음
- 漢字(かんじ) 한자
- 正(ただ)しい 바르다, 올바르다
- もの 것, 물건
- ～の 中(なか)から ~중에서
- ひとつ 한 개
- 選(えら)ぶ 고르다, 선택하다
- 早(はや)く 빨리, 일찍

* 이제까지 배운 ます형 활용 총정리 *

～ます ～합니다	예 遊(あそ)びます 놉니다
～ました ～했습니다	遊(あそ)びました 놀았습니다
～ません ～하지 않습니다	遊(あそ)びません 놀지 않습니다
～ませんでした ～하지 않았습니다	遊(あそ)びませんでした 놀지 않았습니다
～ましょう ～합시다	遊(あそ)びましょう 놉시다
～ましょうか ～할까요?	遊(あそ)びましょうか 놀까요?
～ませんか ～하지 않겠습니까?	遊(あそ)びませんか 놀지 않겠습니까?
～たいです ～하고 싶습니다	遊(あそ)びたいです 놀고 싶습니다
～たく ないです ～하고 싶지 않습니다	遊(あそ)びたく ないです 놀고 싶지 않습니다
～に 行(い)く ～하러 가다	遊(あそ)びに 行(い)く 놀러 가다
～に 行(い)きたいです ～하러 가고 싶습니다	遊(あそ)びに 行(い)きたいです 놀러 가고 싶습니다
～方(かた) ～하는 법	遊(あそ)び方(かた) 노는 법
～ながら ～하면서	遊(あそ)びながら 놀면서
～やすい ～하기 쉽다	遊(あそ)びやすい 놀기 쉽다
～にくい ～하기 어렵다	遊(あそ)びにくい 놀기 어렵다
～すぎる 너무 ～하다	遊(あそ)びすぎる 너무 (많이) 놀다
～なさい ～하세요, ～하시오	遊(あそ)びなさい 노세요, 노시오

話してみましょう

그림을 보고 예와 같이 말해 보세요.

1

예

肉(にく)を 食(た)べすぎる, お腹(なか)が 痛(いた)い

A : どうしましたか。

B : 肉(にく)を 食(た)べすぎて お腹(なか)が 痛(いた)いんです。

Tip 「どうしましたか」는 '무슨 일이에요? 왜 그래요?'라는 뜻으로 병원에서는 '어디가 안 좋아서 오셨습니까?'라는 의미로 해석된다는 것도 기억해 두세요.

1

ビールを 飲(の)みすぎる, 気分(きぶん)が 悪(わる)い

A : どうしましたか。

2

歩(ある)きすぎる, 足(あし)が 痛(いた)い

A : どうしましたか。

3

歌(うた)いすぎる, 喉(のど)が 痛(いた)い

A : どうしましたか。

WORD

- 気分(きぶん)が 悪(わる)い 속이 안 좋다
- 歩(ある)きすぎる 너무 많이 걷다
- 足(あし)が 痛(いた)い 발이 아프다
- 歌(うた)いすぎる 너무 많이 노래하다
- 喉(のど)が痛(いた)い 목이 아프다

그림을 보고 예와 같이 말해 보세요.

2

예

一日中(いちにちじゅう) 仕事(しごと)を する

A : 今日(きょう)は 何(なに)を しましたか。

B : 一日中(いちにちじゅう) 仕事(しごと)を してばかり いました。

1

一日中(いちにちじゅう) 食(た)べる

A : 今日(きょう)は 何(なに)を しましたか。

2

一日中(いちにちじゅう) 寝(ね)る

A : 今日(きょう)は 何(なに)を しましたか。

3

一日中(いちにちじゅう) 家(うち)で テレビを 見(み)る

A : 今日(きょう)は 何(なに)を しましたか。

WORD

- 一日中(いち にち じゅう) 하루 종일
- 仕事(し ごと) 일
- 家(うち) 집
- テレビ(television) 텔레비전

読んでみましょう

읽어 봅시다

1 다음 내용을 큰 소리로 읽어보세요.

Track 45

昨日(きのう)、 会社(かいしゃ)が 終(お)わってから / 同僚(どうりょう)と 一緒(いっしょ)に / 居酒屋(いざかや)へ 行(い)きました。 /

まず、 ビールと / おつまみを 注文(ちゅうもん)して / みんなで 乾杯(かんぱい)しました。 /

おつまみが とても おいしくて / 食(た)べすぎて しまいました。 /

それから、 カラオケに 行(い)って / 3時間(さんじかん) 歌(うた)いました。 / 今朝(けさ)、 9時(くじ)から

会議(かいぎ)でしたが、 / 私(わたし)は 朝寝坊(あさねぼう)して / 遅(おく)れて しまいました。 /

昨日(きのう) 歌(うた)いすぎて / 喉(のど)も 痛(いた)いし、 / 飲(の)みすぎて / 今(いま)も 気分(きぶん)が 悪(わる)いです。 /

2 다음 내용을 자신있게 읽어 보세요.

Track 46

昨日、会社が終わってから同僚と一緒に居酒屋へ行きました。
まず、ビールとおつまみを注文してみんなで乾杯しました。
おつまみがとてもおいしくて食べすぎてしまいました。
それから、カラオケに行って3時間歌いました。今朝、9時から
会議でしたが、 私は朝寝坊して遅れてしまいました。
昨日歌いすぎて喉も痛いし、飲みすぎて今も気分が悪いです。

WORD

- ～が 終(お)わる ~가 끝나다
- 同僚(どう りょう) 동료
- 居酒屋(い ざか や) 선술집
- まず 우선
- ビール(beer) 맥주
- おつまみ 안주
- 注文(ちゅう もん) 주문
- みんなで 모두, 다 같이
- 乾杯(かん ぱい) 건배
- 食(た)べすぎる 너무 많이 먹다, 과식하다
- それから 그리고
- カラオケ(karaoke) 가라오케
- 今朝(けさ) 오늘 아침
- 会議(かい ぎ) 회의
- 朝寝坊(あさ ね ぼう) 아침 늦잠
- 遅(おく)れる 늦다
- 喉(のど) 목
- 飲(の)みすぎる 과음하다
- 気分(き ぶん)が 悪(わる)い 속이 안 좋다

書いてみましょう

써 봅시다

다음 예와 같이 일본어로 써 보세요.

1

예

本(ほん)を 読(よ)む

① 本(ほん)を 読(よ)みすぎる。

② 本(ほん)を 読(よ)みなさい。

③ 本(ほん)を 読(よ)んでばかり います。

④ 本(ほん)を 読(よ)んで しまいました。

1

歌(うた)を 歌(うた)う

① ______________________________。

② ______________________________。

③ ______________________________。

④ ______________________________。

2

寝(ね)る

① ______________________________。

② ______________________________。

③ ______________________________。

④ ______________________________。

3

ビールを 飲(の)む

① ______________________________。

② ______________________________。

③ ______________________________。

④ ______________________________。

WORD

- 本(ほん)を 読(よ)む 책을 읽다
- 歌(うた)を 歌(うた)う 노래하다
- ビール(beer) 맥주

聞いてみましょう

들어 봅시다

A 잘 듣고 밑줄 친 부분에 써 보세요.

Track 47

1 明日(あした)から テストなのに 友達(ともだち)と 遊(あそ)んで________________ います。

2 朝(あさ) 10時(じゅうじ)まで 寝(ね)て ________________。

3 早(はや)く 家(うち)へ ________________。

B 그림을 보고 내용과 알맞은 번호를 고르세요.

1

2

정답	① ② ③

정답	① ② ③

漢字・カタカナ練習

한자 • 가타카나 연습

한 자 다음 한자를 읽고 따라 써 보세요.

肉
고기 **육**

肉 にく 고기 — 肉 にく

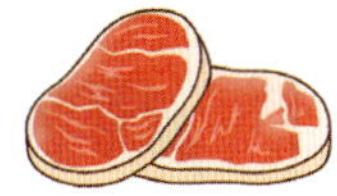

보기 牛肉(ぎゅうにく) 쇠고기, 豚肉(ぶたにく) 돼지고기

院
집 **원**

美容院 びよういん 미용실 — 美容院 びよういん

보기 病院(びょういん) 병원, 院長(いんちょう) 원장

庫
곳집 **고**

冷蔵庫 れいぞうこ 냉장고 — 冷蔵庫 れいぞうこ

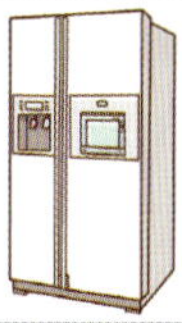

보기 倉庫(そうこ) 창고, 金庫(きんこ) 금고

가타카나 다음 가타카나를 읽고 따라 써 보세요.

ビール
beer 맥주

ビール — ビール

カラオケ
karaoke 가라오케

カラオケ — カラオケ

会話復習

회화 복습

Track 48

다음의 『会話/회화』 스크립트를 보면서 복습해 보세요.

9과 日本の 温泉へ 行った ことが ありますか。

にほん　おんせん　い

일본의 온천에 간 적이 있습니까?

Track 49

필수 문장 익히기

にほんりょうり　た
日本料理を 食べた ことが ありますか。
일본 요리를 먹은 적이 있습니까?

はい、あります。 네, 있습니다.

KEY WORD

おんせん
温泉
온천

てら
お寺
절

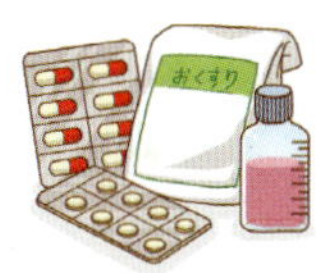

くすり
薬
약

にもつ
荷物
짐

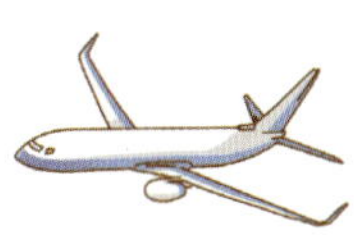

ひこうき
飛行機
비행기

こうばん
交番
파출소

メモ
메모

ペット
애완동물

マラソン
마라톤

会話

일본 온천 사진을 보며 칭과 유키가 이야기하고 있습니다.

WORD

- 写真(しゃ しん)を 見(み)ながら 사진을 보면서
- すてきだ 멋지다
- 所(ところ) 곳, 장소
- この 間(あいだ) 얼마 전에, 요전번에
- 温泉(おん せん) 온천
- ~た 時(とき) ~했을 때
- ~た ことが ある ~한 적이 있다
- ~た ばかり ~한 지 얼마 안 됐음
- 来週(らい しゅう) 다음 주
- ~た 方(ほう)が いい ~하는 편이 낫다
- おすすめ 추천
- やっぱり 역시
- ~から 近(ちか)い ~에서 가깝다
- ~と 思(おも)います ~라고 생각합니다

(写真(しゃしん)を 見(み)ながら)

Track 50

チン うわ～、ここは どこですか。すてきな 所(ところ)ですね。

山下(やました) この間(あいだ)、黒川温泉(くろかわおんせん)に 行(い)った 時(とき)、撮(と)った 写真(しゃしん)です。

私(わたし)、温泉(おんせん)が 大好(だいす)きなんです。

チン 黒川温泉(くろかわおんせん)は 東京(とうきょう)に あるんですか。

山下(やました) いいえ、九州(きゅうしゅう)の 熊本(くまもと)に あるんですが、日本(にほん)で とても 有名(ゆうめい)な 所(ところ)です。チンさんは 日本(にほん)の 温泉(おんせん)へ 行(い)った ことが ありますか。

チン いいえ、私(わたし)は 日本(にほん)に 来(き)たばかりなので、まだ……。

実(じつ)は 来週(らいしゅう)、中国(ちゅうごく)から 家族(かぞく)が 来(く)るんですが、どこの 温泉(おんせん)に 行(い)った 方(ほう)が いいですか。

おすすめは ありますか。

山下(やました) そうですね。やっぱり 東京(とうきょう)から 近(ちか)い 箱根温泉(はこねおんせん)が いいと 思(おも)いますよ。

文法まとめ

01 동사의 た형

1그룹 동사 (5단동사)	う, つ, る → った ぬ, む, ぶ → んだ く → いた ぐ → いだ す → した ★行く → 行った	예 買う → 買った 読む → 読んだ 書く → 書いた 話す → 話した 帰る → 帰った ★ 行く → 行った
2그룹 동사 (상1단동사 하1단동사)	る + た	예 見る → 見た 起きる → 起きた 食べる → 食べた 寝る → 寝た
3그룹 동사 (カ행변격동사 サ행변격동사)	来る → 来た する → した	예 来る → 来た 勉強する → 勉強した

い형용사의 た형 → い かった　　예 映画は おもしろかった。

な형용사의 た형 → だ だった　　예 日本料理が 好きだった。

02 た형 활용 문법

～た ことが あります ～한 적이 있습니다	예 勉強した ことが あります。 공부한 적이 있습니다.
～た 方が いいです ～하는 편이 낫습니다	예 勉強した 方が いいです。 공부하는 편이 낫습니다.
～た ばかりです ～한 지 얼마 안 됐습니다	예 勉強した ばかりです。 공부한 지 얼마 안 됐습니다.
～た + 명사 ～한 + 명사	예 勉強した 学生　공부한 학생

03 た형 활용 연습

의미	동사	た형	의미	동사	た형
사다	買(か)う		쓰다	書(か)く	
만나다	会(あ)う		듣다, 묻다	聞(き)く	
노래하다	歌(うた)う		걷다	歩(ある)く	
사용하다	使(つか)う		일하다	働(はたら)く	
피우다, 빨다	吸(す)う		헤엄치다	泳(およ)ぐ	
기다리다	待(ま)つ		가다	行(い)く	
들다, 갖다	持(も)つ		이야기하다	話(はな)す	
타다	乗(の)る		보다	見(み)る	
찍다	撮(と)る		먹다	食(た)べる	
만들다	作(つく)る		일어나다	起(お)きる	
보내다	送(おく)る		자다	寝(ね)る	
돌아오다 (돌아가다)	帰(かえ)る		가르치다	教(おし)える	
죽다	死(し)ぬ		외우다, 기억하다	覚(おぼ)える	
읽다	読(よ)む		나오다 (나가다)	出(で)る	
마시다	飲(の)む		그만두다, 끊다	やめる	
쉬다	休(やす)む		걸다	かける	
놀다	遊(あそ)ぶ		오다	来(く)る	
부르다	呼(よ)ぶ		하다	する	

文法まとめ

〈た형 활용 연습 정답〉

의미	동사	た형	의미	동사	た형
사다	買(か)う	買(か)った	쓰다	書(か)く	書(か)いた
만나다	会(あ)う	会(あ)った	듣다, 묻다	聞(き)く	聞(き)いた
노래하다	歌(うた)う	歌(うた)った	걷다	歩(ある)く	歩(ある)いた
사용하다	使(つか)う	使(つか)った	일하다	働(はたら)く	働(はたら)いた
피우다, 빨다	吸(す)う	吸(す)った	헤엄치다	泳(およ)ぐ	泳(およ)いだ
기다리다	待(ま)つ	待(ま)った	가다	行(い)く	行(い)った
들다, 갖다	持(も)つ	持(も)った	이야기하다	話(はな)す	話(はな)した
타다	乗(の)る	乗(の)った	보다	見(み)る	見(み)た
찍다	撮(と)る	撮(と)った	먹다	食(た)べる	食(た)べた
만들다	作(つく)る	作(つく)った	일어나다	起(お)きる	起(お)きた
보내다	送(おく)る	送(おく)った	자다	寝(ね)る	寝(ね)た
돌아오다 (돌아가다)	帰(かえ)る	帰(かえ)った	가르치다	教(おし)える	教(おし)えた
죽다	死(し)ぬ	死(し)んだ	외우다, 기억하다	覚(おぼ)える	覚(おぼ)えた
읽다	読(よ)む	読(よ)んだ	나오다 (나가다)	出(で)る	出(で)た
마시다	飲(の)む	飲(の)んだ	그만두다, 끊다	やめる	やめた
쉬다	休(やす)む	休(やす)んだ	걸다	かける	かけた
놀다	遊(あそ)ぶ	遊(あそ)んだ	오다	来(く)る	来(き)た
부르다	呼(よ)ぶ	呼(よ)んだ	하다	する	した

04 ~た時 ~했을 때

これは 私が フランスに 行った 時、 撮った 写真です。

私が 電話した 時、 彼女は 家に いました。

はじめて 飛行機に 乗った 時は とても 緊張して いました。

05 ~た ことが ありますか ~한 적이 있습니까?

日本の お寺へ 行った ことが ありますか。

中華料理を 食べた ことが ありますか。

日本語を 勉強した ことが ありますか。

WORD

- フランス(France) 프랑스
- 撮(と)る 찍다
- 写真(しゃしん) 사진
- 彼女(かのじょ) 여자친구
- はじめて (경험상) 처음
- 飛行機(ひこうき)に 乗(の)る 비행기를 타다
- 緊張(きんちょう) 긴장
- お寺(てら) 절
- 中華料理(ちゅうかりょうり) 중국요리

文法まとめ

06 ～た ばかりです ～한 지 얼마 안 됐습니다, 이제 막 ～했습니다

私は 韓国語を 習った ばかりなので、 よく わかりません。

今 飛行機に 乗った ばかりです。

今 ホテルに 着いた ばかりです。

07 ～た 方が いいです ～하는 편이 좋습니다(낫습니다)

荷物は カウンターに 預けた 方が いいです。

道を 聞く 時は 交番に 聞いた 方が いいです。

この 薬を 飲んで ゆっくり 寝た 方が いいです。

'약을 먹다' 라는 표현은 「食べる」가 아닌 「飲む」를 사용한다는 점 기억해 두세요.

薬を 飲む (○)　　薬を 食べる (×)

WORD

- 習(なら)う 배우다
- 飛行機(ひこうき) 비행기
- ホテル(hotel) 호텔
- ～に 着(つ)く ～에 도착하다
- 荷物(にもつ) 짐
- カウンター (counter) 카운터
- 預(あず)ける 맡기다
- 道(みち)を 聞(き)く 길을 묻다
- 交番(こうばん) 파출소
- ゆっくり 寝(ね)る 푹 자다

＊ 표현 PLUS ＊ 果物(くだもの) 과일

 りんご 사과	 みかん 귤	 なし 배
 いちご 딸기	 すいか 수박	 ぶどう 포도
 もも 복숭아	 さくらんぼ 체리	 かき 감
 オレンジ 오렌지	 キウイ 키위	 パイナップル 파인애플

話してみましょう

그림을 보고 예와 같이 말해 보세요.

1

예

この 小説を 読む

A : この 小説を 読んだ ことが ありますか。

B : はい、 あります。

いいえ、 一度も ありません。

1

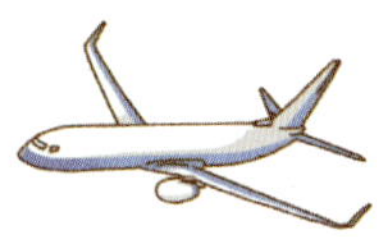

飛行機に 乗る

2

旅館に 泊る

3

ペットを 飼う

4

マラソンを する

WORD

- 小説(しょう せつ) 소설
- 飛行機(ひ こう き)に 乗(の)る
  비행기를 타다
- 旅館(りょ かん) 여관
- ～に泊(とま)る
  ～에 묵다, 숙박하다
- ペット(pet)を 飼(か)う
  애완동물을 기르다
- マラソン(marathon) 마라톤

2

예

薬(くすり)を 飲(の)む, ゆっくり 寝(ね)る

A : どうした 方(ほう)が いいですか。

B : 薬(くすり)を 飲(の)んで ゆっくり 寝(ね)た 方(ほう)が いいです。

1

手(て)を 洗(あら)う, 食(た)べる

A : どうした 方(ほう)が いいですか。

2

難(むずか)しい 漢字(かんじ)は メモを する, 覚(おぼ)える

A : どうした 方(ほう)が いいですか。

3

彼氏(かれし)に 会(あ)う, デートを する

A : どうした 方(ほう)が いいですか。

WORD

- どうした 方(ほう)が いいですか 어떻게 하는 편이 좋습니까
- 薬(くすり)を 飲(の)む 약을 먹다
- 手(て)を 洗(あら)う 손을 씻다
- メモ(memo) 메모
- 覚(おぼ)える 외우다, 기억하다
- デート(date) 데이트

読んでみましょう

읽어 봅시다

1 다음 내용을 큰 소리로 읽어보세요.

Track 51

温泉には / さまざまな 効能が あります。/ 場所に よって / 効能も /

変わります。/ 温泉に 入る 時は / まず 体を きれいに 洗ってから、/

入った 方が いいです。/ 私は 学生時代に / 日本の 温泉旅館に /

行った ことが あります。/ 日本料理を / はじめて 食べましたが、/ とても

おいしかったです。/ それに、露天風呂の 景色も / すばらしかったです。/

いつか 家族と 一緒に / また 行きたいと 思います。/

2 다음 내용을 자신있게 읽어 보세요.

Track 52

温泉にはさまざまな効能があります。場所によって効能も変わります。温泉に入る時はまず体をきれいに洗ってから、入った方がいいです。私は学生時代に日本の温泉旅館に行ったことがあります。日本料理をはじめて食べましたが、とてもおいしかったです。それに、露天風呂の景色もすばらしかったです。いつか家族と一緒にまた行きたいと思います。

WORD

- **温泉**(おん せん) 온천
- **さまざまな** 여러 가지
- **効能**(こう のう) 효능
- **場所**(ば しょ) 장소
- **～によって** ~에 따라서
- **変**(か)**わる** 바뀌다
- **～に入**(はい)**る** ~에 들어가다
- **まず** 우선, 먼저
- **体**(からだ) 몸
- **きれいに 洗**(あら)**う** 깨끗이 씻다
- **学生時代**(がく せい じ だい) 학창시절
- **旅館**(りょ かん) 여관
- **はじめて** 처음
- **それに** 게다가
- **露天風呂**(ろ てん ぶ ろ) 노천탕
- **景色**(け しき) 경치
- **いつか** 언젠가
- **～と 思**(おも)**う** ~라고 생각하다

書いてみましょう

써 봅시다

다음 예와 같이 일본어로 써 보세요.

1

예

宿題(しゅくだい)を する

① 宿題(しゅくだい)を した ことが あります。

② 宿題(しゅくだい)を した 方(ほう)が いいです。

③ 宿題(しゅくだい)を した ばかりです。

④ 宿題(しゅくだい)を した 時(とき)

1

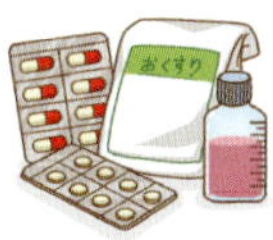

薬(くすり)を 飲(の)む

① ____________________。

② ____________________。

③ ____________________。

④ ____________________

2

メールを 送(おく)る

① ____________________。

② ____________________。

③ ____________________。

④ ____________________

3

映画(えいが)を 見(み)る

① ____________________。

② ____________________。

③ ____________________。

④ ____________________

WORD

- 宿題(しゅくだい) 숙제
- 薬(くすり)を 飲(の)む 약을 먹다
- メール(mail)を 送(おく)る 메일을 보내다
- 映画(えいが)を見(み)る 영화를 보다

聞いてみましょう

들어 봅시다

A 잘 듣고 밑줄 친 부분에 써 보세요.

Track 53

1 この歌(うた)を ______________ が ありますか。

2 私(わたし)は 韓国(かんこく)へ ______________ なので まだ…。

3 毎朝(まいあさ) 運動(うんどう)した ______________。

B 그림을 보고 내용과 알맞은 번호를 고르세요.

1

2

정답	① ② ③

정답	① ② ③

漢字・カタカナ練習

한 자 다음 한자를 읽고 따라 써 보세요.

温
따뜻할 온

温泉
おん せん
온천

温泉
おん せん

보기 温度(おんど) 온도, 気温(きおん) 기온

機
틀 기

飛行機
ひ こう き
비행기

飛行機
ひ こう き

보기 機械(きかい) 기계, 機能(きのう) 기능

交
사귈 교

交番
こう ばん
파출소

交番
こう ばん

보기 交通(こうつう) 교통, 交流(こうりゅう) 교류

가타카나 다음 가타카나를 읽고 따라 써 보세요.

メモ
memo 메모

メモ

メモ

マラソン
marathon 마라톤

マラソン

マラソン

会話復習

회화 복습

Track 54

다음의 『会話(かいわ)/회화』 스크립트를 보면서 복습해 보세요.

10과 音楽(おんがく)を 聞(き)いたり 運動(うんどう)を したり します。

음악을 듣거나 운동을 하거나 합니다.

Track 55

필수 문장 익히기

暇(ひま)な 時(とき)は 何(なに)を しますか。 한가할 때는 무엇을 합니까?

本(ほん)を 読(よ)んだり 映画(えいが)を 見(み)たり します。
책을 읽거나 영화를 보거나 합니다.

KEY WORD

 服(ふく) 옷	 天気(てんき) 날씨	 楽器(がっき) 악기
 面接(めんせつ) 면접	 着物(きもの) 기모노	 地図(ちず) 지도
 ドレス 드레스	 ダンス 댄스	 サウナ 사우나

会話

다니엘과 하나가 여가 생활에 대해서 이야기하고 있습니다.

WORD

- 休(やす)みの 日(ひ) 쉬는 날
- たいてい 대개, 보통
- おしゃべりを する 수다 떨다, 이야기하다
- 暇(ひま)な 時(とき) 한가할 때
- 水泳(すいえい) 수영
- 習(なら)いはじめる 배우기 시작하다
- 習(なら)いたがる 배우고 싶어 하다
- 興味(きょうみ) 흥미
- はじめて 처음
- 男(おとこ)の 人(ひと) 남자
- 行(い)くの 가는 것
- 恥(は)ずかしい 창피하다
- ~んですけど ~이지만, ~인데요(회화체)
- なんで 왜

회화

Track 56

ダニエル　イさん、休みの 日は たいてい 何を しますか。

イ　え～と、友達と ご飯を 食べたり おしゃべりを したり します。ダニエルさんは?

ダニエル　私は 暇な 時は 音楽を 聞いたり 運動を したり します。
最近は 水泳を 習いはじめました。

イ　あ～、私の 友達の アンナも 水泳を 習いたがっています。
私も 水泳に 興味が あります。

ダニエル　そうですか。
水泳が はじめてだったら 一緒に 行きませんか。

イ　あの、男の 人と 一緒に 行くのは ちょっと 恥ずかしいんですけど……。

ダニエル　え! なんで?

文法まとめ

01 동사의 たり형

1그룹 동사 (5단동사)	う, つ, る → ったり ぬ, む, ぶ → んだり く → いたり ぐ → いだり す → したり ★行(い)く → 行(い)ったり	예 買(か)う → 買(か)ったり 読(よ)む → 読(よ)んだり 書(か)く → 書(か)いたり 話(はな)す → 話(はな)したり 帰(かえ)る → 帰(かえ)ったり ★ 行(い)く → 行(い)ったり
2그룹 동사 (상1단동사 하1단동사)	る + たり	예 見(み)る → 見(み)たり 起(お)きる → 起(お)きたり 食(た)べる → 食(た)べたり 寝(ね)る → 寝(ね)たり
3그룹 동사 (カ행변격동사 サ행변격동사)	来(く)る → 来(き)たり する → したり	예 来(く)る → 来(き)たり 勉強(べんきょう)する → 勉強(べんきょう)したり

02 ～たり ～たり する ～하기도 하고 ～하기도 하다

歌(うた)を 歌(うた)ったり ダンスを したり します。

土曜日(どようび)は 買(か)い物(もの)に 行(い)ったり サウナに 行(い)ったり します。

★ 会社(かいしゃ)の 前(まえ)を 行(い)ったり 来(き)たり します。

WORD

- ダンス(dance) 댄스
- 買(か)い物(もの) 쇼핑
- サウナ(sauna) 사우나

03 たり형 활용 연습

의미	동사	たり형	의미	동사	たり형
사다	買(か)う		쓰다	書(か)く	
만나다	会(あ)う		듣다, 묻다	聞(き)く	
노래하다	歌(うた)う		걷다	歩(ある)く	
사용하다	使(つか)う		일하다	働(はたら)く	
피우다, 빨다	吸(す)う		헤엄치다	泳(およ)ぐ	
기다리다	待(ま)つ		가다	行(い)く	
들다, 갖다	持(も)つ		이야기하다	話(はな)す	
타다	乗(の)る		보다	見(み)る	
찍다	撮(と)る		먹다	食(た)べる	
만들다	作(つく)る		일어나다	起(お)きる	
보내다	送(おく)る		자다	寝(ね)る	
돌아오다 (돌아가다)	帰(かえ)る		가르치다	教(おし)える	
죽다	死(し)ぬ		외우다, 기억하다	覚(おぼ)える	
읽다	読(よ)む		나오다 (나가다)	出(で)る	
마시다	飲(の)む		그만두다, 끊다	やめる	
쉬다	休(やす)む		걸다	かける	
놀다	遊(あそ)ぶ		오다	来(く)る	
부르다	呼(よ)ぶ		하다	する	

文法まとめ

〈たり형 활용 연습 정답〉

의미	동사	たり형	의미	동사	たり형
사다	買う	買ったり	쓰다	書く	書いたり
만나다	会う	会ったり	듣다, 묻다	聞く	聞いたり
노래하다	歌う	歌ったり	걷다	歩く	歩いたり
사용하다	使う	使ったり	일하다	働く	働いたり
피우다, 빨다	吸う	吸ったり	헤엄치다	泳ぐ	泳いだり
기다리다	待つ	待ったり	가다	行く	行ったり
들다, 갖다	持つ	持ったり	이야기하다	話す	話したり
타다	乗る	乗ったり	보다	見る	見たり
찍다	撮る	撮ったり	먹다	食べる	食べたり
만들다	作る	作ったり	일어나다	起きる	起きたり
보내다	送る	送ったり	자다	寝る	寝たり
돌아오다 (돌아가다)	帰る	帰ったり	가르치다	教える	教えたり
죽다	死ぬ	死んだり	외우다, 기억하다	覚える	覚えたり
읽다	読む	読んだり	나오다 (나가다)	出る	出たり
마시다	飲む	飲んだり	그만두다, 끊다	やめる	やめたり
쉬다	休む	休んだり	걸다	かける	かけたり
놀다	遊ぶ	遊んだり	오다	来る	来たり
부르다	呼ぶ	呼んだり	하다	する	したり

04 たり형 & たら형

명사	명사 + だったり 명사 + だったら	예 歌手だったり 가수이기도 하고 歌手だったら 가수라면
な형용사	~~だ~~ + だったり ~~だ~~ + だったら	예 親切だったり 친절하기도 하고 親切だったら 친절하다면
い형용사	~~い~~ + かったり ~~い~~ + かったら	예 おいしかったり 맛있기도 하고 おいしかったら 맛있다면
동사	～たり ～たら	예 飲んだり 마시기도 하고 飲んだら 마신다면

1. たり형(~하기도 하고)

あの 人は 歌手だったり 俳優だったり します。(명사)

交通は 便利だったり 不便だったり します。(な형용사)

この 店は おいしかったり 安かったり します。(い형용사)

平日は 面接の 準備を したり バイトを したり します。(동사)

WORD

- 俳優(はい ゆう) 배우
- 交通(こう つう) 교통
- 平日(へい じつ) 평일
- 面接(めん せつ) 면접
- 準備(じゅん び) 준비
- バイト(arbeit) 아르바이트

文法まとめ

2. たら형(~한다면, ~하면)

明日(あした)は 休(やす)みだったら いいのに。

交通(こうつう)が 便利(べんり)だったら あそこに 住(す)みたいです。

天気(てんき)が よかったら 行(い)きます。

3時(じ)に 会(あ)ったら どうですか。

たら형 뒤에는 보통 의지, 희망, 명령, 충고 등의 문장들이 옵니다.

05 ます형 + はじめる ~하기 시작하다

雨(あめ)が 降(ふ)りはじめました。

子供(こども)が 急(きゅう)に 泣(な)きはじめました。

最近(さいきん)、ゴルフを 習(なら)いはじめました。

WORD

- ~のに ~인데, ~인데도
- 交通(こうつう) 교통
- ~に 住(す)みたい ~에 살고 싶다
- 天気(てんき)が よかったら 날씨가 좋으면
- 雨(あめ)が 降(ふ)る 비가 내리다
- 子供(こども) 아이
- 急(きゅう)に 갑자기
- 泣(な)く 울다
- ゴルフ(golf) 골프
- 習(なら)う 배우다

06 ~たがって います ~하고 싶어 합니다

~たいです(1, 2인칭)	~하고 싶습니다	예 食(た)べたいです 먹고 싶습니다
~たがる(3인칭, 제3자) ~たがって います(3인칭, 제3자)	~하고 싶어 하다 ~하고 싶어 합니다	예 食(た)べたがって います 먹고 싶어 합니다

コーヒーが 飲(の)みたいです。(1, 2인칭)

コーヒーを 飲(の)みたがって います。(3인칭, 제3자)

私(わたし)は 家族(かぞく)に 会(あ)いたいです。(1인칭)

佐藤(さとう)さんは 家族(かぞく)に 会(あ)いたがって います。(3인칭, 제3자)

* い형용사와 たい형 활용 비교 *

い형용사	たい형
難(むずか)しい 어렵다	読(よ)みたい 읽고 싶다
難(むずか)しがって います 어려워하고 있습니다	読(よ)みたがって います 읽고 싶어 합니다

WORD
- コーヒー(coffee) 커피
- 家族(かぞく) 가족

話してみましょう

그림을 보고 예와 같이 말해 보세요.

1

예

映画を 見る, 運動を する

A : 暇な 時は 何を しますか。

B : 映画を 見たり 運動を したり します。

1

水泳を する, 料理を する

A : 休みの 日は 何を しますか。

2

洗濯を する, 掃除を する

A : 毎週 土曜日は 何を しますか。

3

ビールを 飲む, 踊る

A : クリスマスパーティーで 何を しましたか。

WORD

- 暇(ひま)な 時(とき) 한가할 때
- 料理(りょうり) 요리
- 毎週(まいしゅう) 매주
- 洗濯(せんたく) 세탁
- 掃除(そうじ) 청소
- クリスマスパーティー(Christmas party) 크리스마스 파티
- ビール(beer) 맥주
- 踊(おど)る 춤을 추다

그림을 보고 예와 같이 말해 보세요.

2

예

天気(てんき)がいい, 遊(あそ)びに 行(い)く

A：もし 天気(てんき)が よかったら どうしますか。

B：天気(てんき)が よかったら 遊(あそ)びに 行(い)きます。

天気(てんき)が よかったら 遊(あそ)びに 行(い)きたいです。

1

服(ふく)の 値段(ねだん)が 安(やす)い, 買(か)う

A：もし 服(ふく)の 値段(ねだん)が 安(やす)かったら どう しますか。

2

交通(こうつう)が 便利(べんり)だ, 引(ひ)っ越(こ)す

A：もし 交通(こうつう)が 便利(べんり)だったら どう しますか。

3

宝(たから)くじに 当(あ)たる, 世界旅行(せかいりょこう)を する

A：もし 宝(たから)くじに 当(あ)たったら どう しますか。

WORD

- **もし** 만약
- **遊(あそ)びに 行(い)く** 놀러 가다
- **服(ふく)** 옷
- **値段(ねだん)** 가격
- **交通(こうつう)が 便利(べんり)だ** 교통이 편리하다
- **引(ひ)っ越(こ)す** 이사하다
- **宝(たから)くじに 当(あ)たる** 복권에 당첨되다
- **世界旅行(せかいりょこう)** 세계여행

読んでみましょう

읽어 봅시다

1 다음 내용을 큰 소리로 읽어보세요.

Track 57

7月2日(しちがつふつか) 月曜日(げつようび) 晴(は)れ /

今日(きょう)は 学校(がっこう)の 休(やす)みだ。/ 昨日(きのう) 夜遅(よるおそ)くまで 仕事(しごと)を したので、/

朝(あさ)は ゆっくり 寝(ね)た。/ 11時(じゅういちじ)ごろ カフェで ブランチを 食(た)べてから /

本(ほん)を 読(よ)んだり 音楽(おんがく)を 聞(き)いたりした。/ それから、本屋(ほんや)に 行(い)って /

北海道(ほっかいどう)の ガイドブックを 買(か)った。/ 北海道(ほっかいどう)は 私(わたし)が 前(まえ)から /

行(い)きたかった 所(ところ)だ。/ 私(わたし)の 彼女(かのじょ)も 行(い)きたがっているので、/

来月(らいげつ) 一緒(いっしょ)に 行(い)くつもりだ。/

2 다음 내용을 자신있게 읽어 보세요.

Track 58

7月2日月曜日晴れ

今日は学校の休みだ。昨日夜遅くまで仕事をしたので、
朝はゆっくり寝た。11時ごろカフェでブランチを食べてから
本を読んだり音楽を聞いたりした。それから、本屋に行って
北海道のガイドブックを買った。北海道は私が前から
行きたかった所だ。私の彼女も行きたがっているので、
来月一緒に行くつもりだ。

WORD

- 晴(は)れ 맑음
- 学校(がっこう) 학교
- 명사 + だ ~이다
- 夜遅(よるおそ)くまで 밤 늦게까지
- 仕事(しごと) 일
- ～ごろ ~쯤
- カフェ(cafe) 카페
- ブランチ(brunch) 브런치
- それから 그리고
- 本屋(ほんや) 서점
- ガイドブック(guidebook) 가이드북
- 行(い)きたかった 所(ところ) 가고 싶었던 곳
- 彼女(かのじょ) 여자친구
- 行(い)きたがる 가고 싶어하다
- 来月(らいげつ) 다음 달
- ～つもり 생각, 예정

書いてみましょう

써 봅시다

다음 예와 같이 일본어로 써 보세요.

1

예

地図(ちず)を 見(み)る, 人(ひと)に 聞(き)く

→ 地図(ちず)を 見(み)たり 人(ひと)に 聞(き)いたり します。

1

着物(きもの)を 着(き)る, ドレスに 着替(きが)える

→ ＿＿＿＿＿＿＿＿＿＿＿＿＿＿＿＿＿＿＿＿。

2

仕事(しごと)は 忙(いそが)しい, 暇(ひま)だ

→ ＿＿＿＿＿＿＿＿＿＿＿＿＿＿＿＿＿＿＿＿。

3

交通(こうつう)は 便利(べんり)だ, 不便(ふべん)だ

→ ＿＿＿＿＿＿＿＿＿＿＿＿＿＿＿＿＿＿＿＿。

4

午後(ごご)から 晴(は)れる, 曇(くも)る

→ ＿＿＿＿＿＿＿＿＿＿＿＿＿＿＿＿＿＿＿＿。

WORD

- **地図**(ちず) 지도
- **ドレス**(dress) 드레스
- **着物**(きもの) 기모노
- **〜に 着替**(きが)**える** 〜로 갈아입다
- **仕事**(しごと) 일
- **暇**(ひま)**だ** 한가하다
- **晴**(は)**れる** 맑다, 개다
- **曇**(くも)**る** 흐리다

聞いてみましょう

들어 봅시다

A 잘 듣고 밑줄 친 부분에 써 보세요.

Track 59

1. 音楽(おんがく)を ＿＿＿＿＿＿ 映画(えいが)を 見(み)たり します。

2. 歌(うた)を 歌(うた)ったり ダンスを ＿＿＿＿＿＿ します。

3. 私(わたし)の 友達(ともだち)は 北海道(ほっかいどう)へ ＿＿＿＿＿＿ います。

B 그림을 보고 내용과 알맞은 번호를 고르세요.

1

2

정답	① ② ③

정답	① ② ③

한 자 다음 한자를 읽고 따라 써 보세요.

한자	따라 쓰기	따라 쓰기	
服 옷 복	服 ふく 옷	服 ふく	

보기 洋服(ようふく) 양복, 制服(せいふく) 제복, 유니폼

한자	따라 쓰기	따라 쓰기	
面 낯 면	面接 めん せつ 면접	面接 めん せつ	

보기 画面(がめん) 화면, 面積(めんせき) 면적

한자	따라 쓰기	따라 쓰기	
着 붙을 착	着物 き もの 기모노	着物 き もの	

보기 着(き)る 입다

가타카나 다음 가타카나를 읽고 따라 써 보세요.

가타카나	따라 쓰기	따라 쓰기	
ドレス dress 드레스	ドレス	ドレス	
ダンス dance 댄스	ダンス	ダンス	

Track 60

다음의 『会話(かいわ)/회화』 스크립트를 보면서 복습해 보세요.

11과 運転(うんてん)が できません。

운전을 못 합니다.

Track 61

필수 문장 익히기

日本語(にほんご)が できますか。 일본어를 할 수 있습니까?

はい、少(すこ)し できます。/ いいえ、全然(ぜんぜん) できません。
네, 조금 할 수 있습니다. / 아니요, 전혀 못 합니다.

KEY WORD

 運転(うんてん) 운전	 会話(かいわ) 회화	 両替(りょうがえ) 환전
 交換(こうかん) 교환	 洗濯(せんたく) 세탁	 野菜(やさい) 채소(야채)
 プール 풀장	 パソコン 컴퓨터	 ゲーム 게임

会話

유키와 다니엘이 운전면허에 대해서 이야기하고 있습니다.

WORD

- 運転(うん てん) 운전
- 免許(めん きょ) 면허
- 持(も)つ 들다, 갖다, 소지하다
- 国際免許(こく さい めん きょ) 국제면허
- 申請(しん せい) 신청
- なかなか 좀처럼
- 機会(き かい) 기회, 찬스
- ～が できません ～(을)를 할 수 없습니다.
- ペーパードライバー (paper+driver) 장롱면허
- して いない 하고 있지 않다 (상태)
- ～という ~라고 하는
- すぐに 바로, 곧
- 覚(おぼ)えられる 외울 수 있다

Track 62

山下(やました) ダニエルさんは 運転免許(うんてんめんきょ)を 持(も)って いますか。

ダニエル はい、持(も)って います。

山下(やました) わあ～、国際免許(こくさいめんきょ)ですか。

ダニエル はい。日本(にほん)で 申請(しんせい)しましたが、なかなか 運転(うんてん)する 機会(きかい)が ないです。山下(やました)さんは 免許(めんきょ)が ありますか。

山下(やました) はい、 ありますが、運転(うんてん)が できません。

ペーパードライバーなんです。

ダニエル え! ペーパードライバー?

山下(やました) 免許(めんきょ)を 取(と)ってから 全然(ぜんぜん) 運転(うんてん)を して いないと いう 意味(いみ)です。

ダニエル ペーパードライバー。すぐに覚(おぼ)えられますね。

Tip

일본은 우리나라와는 반대로 차량이 좌측운행을 하고 운전석도 왼쪽이 아닌 오른쪽에 있습니다. 또한, 일본의 택시는 운전사가 운전석에서 문을 자동으로 열고 닫기 때문에 손님이 직접 열고 닫을 필요가 없다는 점도 기억해 두세요.

文法まとめ

01 동사의 가능형

1그룹 동사 (5단동사)	u단 → e단 + る	예 買う → 買える 読む → 読める 書く → 書ける 話す → 話せる ★ 帰る → 帰れる
2그룹 동사 (상1단동사 하1단동사)	る + られる	예 見る → 見られる 起きる → 起きられる 食べる → 食べられる 寝る → 寝られる
3그룹 동사 (カ행변격동사 サ행변격동사)	来る → 来られる する → できる	예 来る → 来られる 勉強する → 勉強できる

동사의 가능표현 앞에는 목적격 조사로 「を」대신 「が」가 온다는 점에 주의하세요. 단, 앞에 「に」, 「へ」가 오는 동사의 앞에서는 적용되지 않습니다. 또한, 가능표현「기본형 + ことが できる」형식으로 사용할 수 있는데, 이때 조사의 쓰임에 유의하시기 바랍니다.

本が 読める ＝ 本を 読む ことが できる　책을 읽을 수 있다

02 가능형 활용 연습

의미	동사	가능형	의미	동사	가능형
사다	買(か)う		쓰다	書(か)く	
만나다	会(あ)う		듣다, 묻다	聞(き)く	
노래하다	歌(うた)う		걷다	歩(ある)く	
사용하다	使(つか)う		일하다	働(はたら)く	
피우다, 빨다	吸(す)う		헤엄치다	泳(およ)ぐ	
기다리다	待(ま)つ		가다	行(い)く	
들다, 갖다	持(も)つ		이야기하다	話(はな)す	
타다	乗(の)る		보다	見(み)る	
찍다	撮(と)る		먹다	食(た)べる	
만들다	作(つく)る		일어나다	起(お)きる	
보내다	送(おく)る		자다	寝(ね)る	
돌아오다 (돌아가다)	帰(かえ)る		가르치다	教(おし)える	
죽다	死(し)ぬ		외우다, 기억하다	覚(おぼ)える	
읽다	読(よ)む		나오다 (나가다)	出(で)る	
마시다	飲(の)む		그만두다, 끊다	やめる	
쉬다	休(やす)む		걸다	かける	
놀다	遊(あそ)ぶ		오다	来(く)る	
부르다	呼(よ)ぶ		하다	する	

文法まとめ

〈가능형 활용 연습 정답〉

의미	동사	가능형	의미	동사	가능형
사다	買(か)う	買(か)える	쓰다	書(か)く	書(か)ける
만나다	会(あ)う	会(あ)える	듣다, 묻다	聞(き)く	聞(き)ける
노래하다	歌(うた)う	歌(うた)える	걷다	歩(ある)く	歩(ある)ける
사용하다	使(つか)う	使(つか)える	일하다	働(はたら)く	働(はたら)ける
피우다, 빨다	吸(す)う	吸(す)える	헤엄치다	泳(およ)ぐ	泳(およ)げる
기다리다	待(ま)つ	待(ま)てる	가다	行(い)く	行(い)ける
들다, 갖다	持(も)つ	持(も)てる	이야기하다	話(はな)す	話(はな)せる
타다	乗(の)る	乗(の)れる	보다	見(み)る	見(み)られる
찍다	撮(と)る	撮(と)れる	먹다	食(た)べる	食(た)べられる
만들다	作(つく)る	作(つく)れる	일어나다	起(お)きる	起(お)きられる
보내다	送(おく)る	送(おく)れる	자다	寝(ね)る	寝(ね)られる
돌아오다 (돌아가다)	帰(かえ)る	帰(かえ)れる	가르치다	教(おし)える	教(おし)えられる
죽다	死(し)ぬ	死(し)ねる	외우다, 기억하다	覚(おぼ)える	覚(おぼ)えられる
읽다	読(よ)む	読(よ)める	나오다 (나가다)	出(で)る	出(で)られる
마시다	飲(の)む	飲(の)める	그만두다, 끊다	やめる	やめられる
쉬다	休(やす)む	休(やす)める	걸다	かける	かけられる
놀다	遊(あそ)ぶ	遊(あそ)べる	오다	来(く)る	来(こ)られる
부르다	呼(よ)ぶ	呼(よ)べる	하다	する	できる

03 ～が できる ～을/를 할 수 있다

英会話(えいかいわ)が できますか。

→ はい、 少(すこ)し できます。 / いいえ、全然(ぜんぜん) できません。

ひらがなが 読(よ)めますか。

私(わたし)、 野菜(やさい)が 食(た)べられません。

急用(きゅうよう)が できて 今日(きょう)は 学校(がっこう)へ 来(こ)られません。

WORD

- 英会話(えい かい わ) 영어 회화
- 全然(ぜん ぜん) 전혀
- 交換(こう かん) 교환
- 少(すこ)し 조금, 약간
- 野菜(や さい) 채소, 야채
- 急用(きゅう よう) 급한 용무

文法まとめ

04 なかなか

① 꽤, 제법

예 あの 歌手(かしゅ)は 韓国(かんこく)で なかなか 有名(ゆうめい)ですよ。

저 가수는 한국에서 꽤 유명합니다.

② 좀처럼 (뒤에 부정문이 오는 경우)

예 なかなか タクシーが 来(き)ません。 좀처럼 택시가 안 옵니다.

勉強(べんきょう)したいんですが、 なかなか 時間(じかん)が ないです。

공부하고 싶은데 좀처럼 시간이 없습니다.

WORD

- タクシー(taxi) 택시
- 勉強(べんきょう) 공부
- 時間(じかん) 시간

* 가능형 응용 *

お酒が 飲めます/
お酒が 飲めません

술을 마실 수 있습니다/
술을 마실 수 없습니다

漢字が 読めます/
漢字が 読めません

한자를 읽을 수 있습니다/
한자를 읽을 수 없습니다

日本へ 行けます/
日本へ 行けません

일본에 갈 수 있습니다/
일본에 갈 수 없습니다

自転車に 乗れます/
自転車に 乗れません

자전거를 탈 수 있습니다/
자전거를 탈 수 없습니다

家へ 帰れます/
家へ 帰れません

집에 돌아갈 수 있습니다/
집에 돌아갈 수 없습니다

映画が 見られます/
映画が 見られません

영화를 볼 수 있습니다/
영화를 볼 수 없습니다

さしみが 食べられます/
さしみが 食べられません

회를 먹을 수 있습니다/
회를 먹을 수 없습니다

結婚式に 来られます/
結婚式に 来られません

결혼식에 올 수 있습니다/
결혼식에 올 수 없습니다

運転が できます/
運転が できません

운전을 할 수 있습니다/
운전을 할 수 없습니다

話してみましょう

그림을 보고 예와 같이 말해 보세요.

1

예

両替を する

A : 両替が できますか。

B : はい、できます。

いいえ、できません。

1

この プールで 泳ぐ

A : ____________________。

B : ____________________。

____________________。

2

山田さんの 卒業式に 来る

A : ____________________。

B : ____________________。

____________________。

3

毎朝 早く 起きる

A : ____________________。

B : ____________________。

____________________。

WORD

- 両替(りょう がえ) 환전
- プール(pool) 풀장
- 泳(およ)ぐ 헤엄치다
- 卒業式(そつ ぎょう しき) 졸업식
- 毎朝(まい あさ) 매일 아침
- 早(はや)く 일찍, 빨리
- 起(お)きる 일어나다

그림을 보고 예와 같이 말해 보세요.

2

예 散歩(さんぽ)を する

A : 公園(こうえん)で 何(なに)が できますか。

B : 散歩(さんぽ)が できます。

- 新聞(しんぶん)を 読(よ)む
- 寝(ね)る
- 友達(ともだち)と 話(はな)す
- 音楽(おんがく)を 聞(き)く
- 散歩(さんぽ)を する
- 水(みず)を 飲(の)む
- 運動(うんどう)を する
- 写真(しゃしん)を 撮(と)る
- 弁当(べんとう)を 食(た)べる
- デートを する
- 自転車(じてんしゃ)に 乗(の)る

WORD

- 散歩(さんぽ) 산책
- 弁当(べんとう) 도시락
- 音楽(おんがく) 음악
- デート(date) 데이트

読んでみましょう

읽어 봅시다

1 다음 내용을 큰 소리로 읽어보세요.

Track 63

私(わたし)の クラスには / 韓国人(かんこくじん)、中国人(ちゅうごくじん)、アメリカ人(じん)など / いろいろな 国(くに)の /
人(ひと)が います。/ クラスの 友達(ともだち)に / 「マイク」という 人(ひと)が います。/
彼(かれ)は アメリカのLAから 来(き)ました。/ マイクは 韓国(かんこく)に 関心(かんしん)が あるので、/
簡単(かんたん)な 韓国語(かんこくご)が 話(はな)せます。/ でも、ハングルは まだ 書(か)けません。/
彼(かれ)は 中国語(ちゅうごくご)も 少(すこ)し できます。/ 私(わたし)は 英語(えいご)に 自信(じしん)が ないので、/
私(わたし)と マイクは / 日本語(にほんご)と 英語(えいご)を まぜて 話(はな)します。/

2 다음 내용을 자신있게 읽어 보세요.

Track 64

私のクラスには韓国人、中国人、アメリカ人などいろいろな国の
人がいます。クラスの友達に「マイク」という人がいます。
彼はアメリカのLAから来ました。マイクは韓国に関心があるので、
簡単な韓国語が話せます。でも、ハングルはまだ書けません。
彼は中国語も少しできます。私は英語に自信がないので、
私とマイクは日本語と英語をまぜて話します。

WORD

- クラス(class) 반, 학급
- アメリカ人(じん) 미국인
- いろいろな 여러 가지
- 国(くに) 나라
- ～という ~라고 하는
- アメリカ(America) 미국
- ～から 来(く)る ~에서 오다
- 関心(かんしん) 관심
- 話(はな)せる 이야기할 수 있다
- でも 하지만, 그렇지만
- ハングル 한글
- 少(すこ)し 조금, 약간
- 自信(じしん)が ない 자신이 없다
- まぜる 섞다

書いてみましょう

써 봅시다

다음 예와 같이 일본어로 써 보세요.

1

예

交換(こうかん)を する

交換(こうかん)が できます。

交換(こうかん)が できません。

1

お酒(さけ)を 飲(の)む

______________________________。

______________________________。

2

ゲームを する

______________________________。

______________________________。

3

洗濯(せんたく)を する

______________________________。

______________________________。

4

車(くるま)を 止(と)める

______________________________。

______________________________。

WORD

- 交換(こう かん) 교환
- ゲーム (game) 게임
- 洗濯(せん たく) 세탁
- 車(くるま)を 止(と)める 차를 세우다

聞いてみましょう

들어 봅시다

A 잘 듣고 밑줄 친 부분에 써 보세요.

Track 65

1 あの、すみません。 これ、交換(こうかん) ______________。

2 明日(あした)は 妹(いもうと)の 卒業式(そつぎょうしき)なので、______________。

3 「学校(がっこう)」 ______________ ドラマを 見(み)た ことが ありますか。

B 그림을 보고 내용과 알맞은 번호를 고르세요.

1

2

日	月	火	水	木	金	土
31	1	2	3	4	5	6 ─ ①
7	8	9	10	11	12 (②)	13 (③)

정답 ① ② ③

정답 ① ② ③

漢字・カタカナ練習

한 자 다음 한자를 읽고 따라 써 보세요.

運 옮길 **운** — 運転 うんてん 운전 — 運転 うんてん

보기 運動(うんどう) 운동, 運命(うんめい) 운명

話 말씀 **화** — 会話 かいわ 회화 — 会話 かいわ

보기 電話(でんわ) 전화, 話題(わだい) 화제

洗 씻을 **세** — 洗濯 せんたく 세탁 — 洗濯 せんたく

보기 洗剤(せんざい) 세제, 洗濯機(せんたくき) 세탁기

가타카나 다음 가타카나를 읽고 따라 써 보세요.

パソコン personal computer **컴퓨터** — パソコン — パソコン

ゲーム game **게임** — ゲーム — ゲーム

Track 66

다음의 『会話(かいわ)/회화』 스크립트를 보면서 복습해 보세요.

12과

好(す)きだと 告白(こくはく)したんだ。

좋아한다고 고백했어.

Track 67

필수 문장 익히기

昨日(きのう)は 何(なに) したの。 어제 뭐했어?

友達(ともだち)と 映画(えいが) 見(み)たんだ。 친구와 영화 봤어.

KEY WORD

告白(こくはく)
고백

成績(せいせき)
성적

落書(らくが)き
낙서

湖(みずうみ)
호수

芸能人(げいのうじん)
연예인

新婚旅行(しんこんりょこう)
신혼여행

ノート
노트

アルバム
앨범

デザイン
디자인

会話

준이 친구인 하루카와 어제 방영한 드라마에 대해서 이야기하고 있습니다.

WORD

- 夜(よる) 저녁
- もちろん 물론
- 疲(つか)れる 피곤하다
- 続(つづ)き 다음 편, 연속
- どう なった 어떻게 됐어?
- ～と 告白(こくはく)したんだ ～라고 고백했어
- 親友(しんゆう) 친한 친구
- ～のに ～인데도
- あり得(え)ない 있을 수 없어, 말도 안 돼
- 理解(りかい)できる 이해할 수 있다
- 何(なに) 言(い)ってんの 무슨 말 하는 거야 (何言っているの의 회화체)
- まさか 설마
- 経験(けいけん) 경험
- 違(ちが)うよ 그렇지 않아, 아니야
- ただ 그냥, 단지
- 男(おとこ) 남자
- ～として ～로서
- ～と 言(い)っただけ ～라고 말한 것뿐
- なんだか 왠지 모르게
- 怪(あや)しいな 수상한 걸

Track 68

春香(はるか) 準(じゅん)、昨日(きのう)の 夜(よる)「レインボー」見(み)た？

準(じゅん) うん、もちろん。春香(はるか)は？

春香(はるか) 昨日(きのう)は ちょっと 疲(つか)れて 寝(ね)て しまって。
続(つづ)きは どう なった？

準(じゅん) それがね、大輔(だいすけ)が 拓也(たくや)の 彼女(かのじょ)に 好(す)きだと 告白(こくはく)したんだ。

春香(はるか) え〜、本当(ほんとう)？ ２人(ふたり) 親友(しんゆう)だったのに……。あり得(え)ない!

準(じゅん) 僕(ぼく)は 大輔(だいすけ)の こと、理解(りかい)できるけど。

春香(はるか) え? 何(なに) 言(い)ってんの? まさか そんな 経験(けいけん)が あるの?

準(じゅん) 違(ちが)うよ。ただ 男(おとこ)として 理解(りかい)できると 言(い)っただけ。

春香(はるか) なんだか 怪(あや)しいな〜。

Tip

이번 과는 지금까지 배운 동사의 활용과 표현들을 바탕으로 반말체 회화형식으로 내용을 준비했습니다.
동사의 부정형에 들어가기에 앞서 표현할 수 있는 각 품사별 현재, 과거형을 중심으로 「んだ, なんだ」와 같은 이유, 설명 등을 강조하는 회화체 표현들을 확실히 외워두도록 합시다.

文法まとめ

01 ~んだ(~んです)의 현재형 ~인 거다(한 거다)/~이거든요(하거든요)

	기본형	반말 회화체	정중 회화체
명사	예 休(やす)みだ	休(やす)みなんだ	休(やす)みなんです
な형용사	예 まじめだ	まじめなんだ	まじめなんです
い형용사	예 おいしい	おいしいんだ	おいしいんです
동사	예 する	するんだ	するんです

パクさんは 私(わたし)の 友達(ともだち)なんだ。

– パクさんは 私(わたし)の 友達(ともだち)なんです。

キムさんは 歌(うた)が とても 上手(じょうず)なんだ。

– キムさんは 歌(うた)が とても 上手(じょうず)なんです。

キムさんは 性格(せいかく)が とても いいんだ。

– キムさんは 性格(せいかく)が とても いいんです。

明日(あした)は デパートへ 買(か)い物(もの)に 行(い)くんだ。

– 明日(あした)は デパートへ 買(か)い物(もの)に 行(い)くんです。

WORD

- 上手(じょうず)だ 잘하다, 능숙하다
- 性格(せいかく) 성격
- デパート(department store) 백화점
- 買(か)い物(もの)に行(い)く 쇼핑하러 가다

02 ～んだ(～んです)의 과거형 ～였다(했다)/～였거든요(했거든요)

	과거형	반말 회화체	정중 회화체
명사	예 休(やす)みだった	休(やす)みだったんだ	休(やす)みだったんです
な형용사	예 まじめだった	まじめだったんだ	まじめだったんです
い형용사	예 おいしかった	おいしかったんだ	おいしかったんです
동사	예 した	したんだ	したんです

昨日(きのう)は 私(わたし)の 誕生日(たんじょうび)だったんだ。

- 昨日(きのう)は 私(わたし)の 誕生日(たんじょうび)だったんです。

この 書類(しょるい)は とても 重要(じゅうよう)だったんだ。

- この 書類(しょるい)は とても 重要(じゅうよう)だったんです。

この かばんは とても 高(たか)かったんだ。

- この かばんは とても 高(たか)かったんです。

ここで 事故(じこ)が あったんだ。

- ここで 事故(じこ)が あったんです。

WORD

- 誕生日(たん じょう び) 생일
- 書類(しょ るい) 서류
- 重要(じゅう よう)だ 중요하다
- 事故(じ こ)が ある 사고가 나다

文法まとめ

03 ～(な)のに　~인데도

	기본형	현재형 접속	과거형 접속
명사	誕生日(たんじょうび)だ	誕生日(たんじょうび)なのに	誕生日(たんじょうび)だったのに
な형용사	上手(じょうず)だ	上手(じょうず)なのに	上手(じょうず)だったのに
い형용사	いい	いいのに	よかったのに
동사	会(あ)う	会(あ)うのに	会(あ)ったのに

今日(きょう)は テストなのに……。 – 昨日(きのう)は テストだったのに……。
오늘은 시험인데도…….　　어제는 시험이었는데도…….

交通(こうつう)は 便利(べんり)なのに……。 – 交通(こうつう)は 便利(べんり)だったのに……。
교통은 편리한데도…….　　교통은 편리했는데도…….

成績(せいせき)は いいのに……。 – 成績(せいせき)は よかったのに……。
성적은 좋은데…….　　성적은 좋았는데…….

日本語(にほんご)で 説明(せつめい)するのに……。 – 日本語(にほんご)で 説明(せつめい)したのに……。
일본어로 설명하는데도…….　　일본어로 설명했는데도…….

WORD

- **テスト**(test) 시험, 테스트
- **成績**(せい せき) 성적
- **説明**(せつ めい) 설명
- **交通**(こう つう) 교통
- **日本語**(に ほん ご)**で** 일본어로

〈~んだ(~んです)의 활용 연습〉

	현재형(반말 회화체) ~(な)んだ	현재형(정중 회화체) ~(な)んです	과거형(반말 회화체) ~たんだ	과거형(정중 회화체) ~たんです
友達(ともだち)だ 친구다				
趣味(しゅみ)だ 취미다				
好(す)きだ 좋아하다				
有名(ゆうめい)だ 유명하다				
おもしろい 재미있다				
楽(たの)しい 즐겁다				
行(い)く 가다				
食(た)べる 먹다				

Tip

「んだ」는 보통 남자들이 많이 사용하는데 「んだ」 뒤에 「よ」를 붙여서 쓰면 어감이 부드러워 집니다.

文法まとめ

〈～んだ(～んです)의 활용 연습 정답〉

	현재형(반말 회화체) ～(な)んだ	현재형(정중 회화체) ～(な)んです	과거형(반말 회화체) ～たんだ	과거형(정중 회화체) ～たんです
友達(ともだち)だ 친구다	友達(ともだち)なんだ	友達(ともだち)なんです	友達(ともだち)だったんだ	友達(ともだち)だったんです
趣味(しゅみ)だ 취미다	趣味(しゅみ)なんだ	趣味(しゅみ)なんです	趣味(しゅみ)だっだんだ	趣味(しゅみ)だったんです
好(す)きだ 좋아하다	好(す)きなんだ	好(す)きなんです	好(す)きだったんだ	好(す)きだったんです
有名(ゆうめい)だ 유명하다	有名(ゆうめい)なんだ	有名(ゆうめい)なんです	有名(ゆうめい)だったんだ	有名(ゆうめい)だったんです
おもしろい 재미있다	おもしろいんだ	おもしろいんです	おもしろかったんだ	おもしろかったんです
楽(たの)しい 즐겁다	楽(たの)しいんだ	楽(たの)しいんです	楽(たの)しかったんだ	楽(たの)しかったんです
行(い)く 가다	行(い)くんだ	行(い)くんです	行(い)ったんだ	行(い)ったんです
食(た)べる 먹다	食(た)べるんだ	食(た)べるんです	食(た)べたんだ	食(た)べたんです

참고 いい(=よい)

いいんだ － いいんです － よかったんだ － よかったんです

04 ～の こと ～의 것, ～에 관한 것

僕、君のこと 好きなんだ。

昨日のこと、本当に 覚えて いないんですか。

木村さんの 彼女のこと 聞きましたか。

05 동사 + の ～하는 거야, ～하는 거예요

今 何 食べに 行くの 。

芸能人と 写真 撮ったの。

この 時計は 私が デザインしたの。

WORD

- 僕(ぼく) 나(남자들이 주로 사용)
- 君(きみ) 너
- 覚(おぼ)える 기억하다, 외우다
- 彼女(かの じょ) 여자친구
- 芸能人(げい のう じん) 연예인
- 写真(しゃ しん) 사진
- デザイン(design) 디자인

文法まとめ

06 として ~로서, ~의 자격으로

彼は クラスの 代表として 参加したんだ。

彼女は ドラマ作家として 有名なんです。

私は 観光客として 韓国に 来た ことが ある。

07 ～な ~이군, ~인데

Tip 「～な」는 가벼운 단정이나 느낌 등을 표현할 때 문장 뒤에 쓰이며, '~이군', '~인데'로 해석합니다.

落書きした 人は 君じゃない? 怪しいな。

新婚旅行に 行くんですか。うらやましいな。

まだ 学生なんだ。いいな。

WORD

- クラス(class) 반, 학급
- 代表(だいひょう) 대표
- 参加(さんか) 참가
- ドラマ(drama) 드라마
- 作家(さっか) 작가
- 観光客(かんこうきゃく) 관광객
- 落書(らくが)き 낙서
- 君(きみ) 너
- ～じゃない ~아냐?
- 怪(あや)しい 수상하다
- 新婚旅行(しんこんりょこう) 신혼여행
- うらやましい 부럽다
- いいな 좋겠다~

* 표현 PLUS * 野菜(やさい) 채소(야채)

 きゅうり 오이	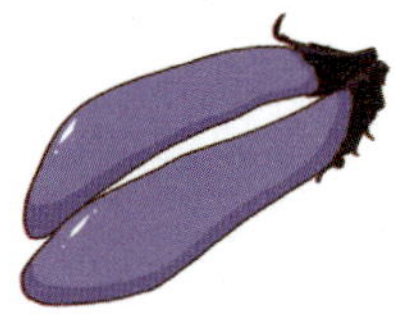 なす 가지	 ねぎ 파
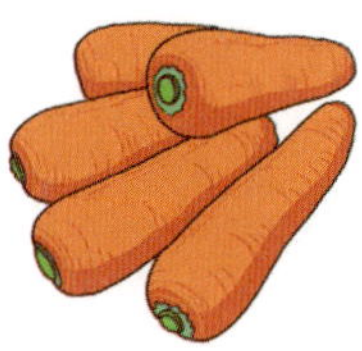 にんじん 당근	 たまねぎ 양파	 ほうれんそう 시금치
 だいこん 무	 かぼちゃ 호박	 はくさい 배추
 キャベツ 양배추	 ピーマン 피망	 ブロッコリー 브로콜리

話してみましょう

그림을 보고 예와 같이 말해 보세요.

1

예

湖(みずうみ)に 行(い)く

A : 昨日(きのう)は 何(なに) した?

B : 湖(みずうみ)に 行(い)った。

湖(みずうみ)に 行(い)ったんだ。

Tip 질문이 현재나 미래시제인 경우는 「동사의 기본형 + んだ」로, 질문이 과거시제인 경우는 「동사의 た형 + んだ」로 말해 보세요.

1

図書館(としょかん)で 勉強(べんきょう)する

A : 今日(きょう)は 何(なに) する?

2

友達(ともだち)と お酒(さけ)を 飲(の)む

A : 週末(しゅうまつ)は 何(なに) した?

3

友達(ともだち)の 結婚式(けっこんしき)に 行(い)く

A : 来週(らいしゅう)の 土曜日(どようび)は 何(なに) する?

WORD

- 湖(みずうみ) 호수
- 週末(しゅう まつ) 주말
- 結婚式(けっ こん しき) 결혼식
- 図書館(と しょ かん) 도서관
- 来週(らい しゅう) 다음 주

그림을 보고 예와 같이 말해 보세요.

2

예

学校(がっこう)に 行(い)く

A : 今(いま) どこに 行(い)く？

B : 学校(がっこう)に 行(い)く。

学校(がっこう)に 行(い)くの。

1

学生時代(がくせいじだい)の 友達(ともだち)に 会(あ)う

A : 明日(あした)は 何(なに) する？

2

一度(いちど) 行(い)った こと ある

A : 中国(ちゅうごく)へ 行(い)った こと ある？

3

友達(ともだち)の 家(うち)へ 遊(あそ)びに 行(い)く

A : 昨日(きのう)は 何(なに) した？

WORD

- **学生時代**(がく せい じ だい) 학창시절
- **一度**(いち ど) 한번
- **~た こと ある** ~한 적 있다
- **遊**(あそ)**びに 行**(い)**く** 놀러 가다

読んでみましょう

읽어 봅시다

1 다음 내용을 큰 소리로 읽어보세요.

Track 69

私は 今日 山口さんと 一緒に / 「告白」という 映画を 見た。/ 実は 私、/
前から 山口さんの ことが 好きだったから / とても 嬉しかった。/
こんな 幸せな 時間が / ずっと 続いたら いいなと 思った。/
毎日 会ったり デートしたいけど、/ まだ 付き合って いないので、無理
だと 思う。/ 彼も 私に まだ 告白して いない。/ 何でだろう。/ 今日は
山口さんから 一度も 電話が ない。/ 私は 朝から / ずっと 携帯を
見てばかり いる。/ あ～! いらいら する! /

2 다음 내용을 자신있게 읽어 보세요.

Track 70

私は今日山口さんと一緒に「告白」という映画を見た。実は私、
前から山口さんのことが好きだったからとても嬉しかった。
こんな幸せな時間がずっと続いたらいいなと思った。
毎日会ったりデートしたいけど、まだ付き合っていないので、無理
だと思う。彼も私にまだ告白していない。何でだろう。今日は
山口さんから一度も電話がない。私は朝からずっと携帯を
見てばかりいる。あ～! いらいらする!

WORD

- **告白**(こくはく) 고백
- **～という** ~라고 하는
- **実**(じつ)**は** 실은
- **～のこと** ~관한 일, ~의 것
- **好**(す)**きだったから** 좋아했으니까
- **嬉**(うれ)**しい** 기쁘다
- **幸**(しあわ)**せだ** 행복하다
- **ずっと** 쭉
- **続**(つづ)**く** 계속되다
- **付**(つ)**き合**(あ)**う** 사귀다, 교제하다
- **何**(なん)**でだろう** 왜일까? 왜지?
- **一度**(いちど)**も** 한번도
- **携帯**(けいたい) 휴대전화의 줄임말
- **～てばかりいる** ~하고만 있다
- **いらいらする** 짜증 나다 (안절부절 못하는 모양)

書いてみましょう

써 봅시다

다음 예와 같이 일본어로 써 보세요.

1

예

銀行で 働く

銀行で 働くんだ(働くの)。
銀行で 働いたんだ(働いたの)。

1

電車の 中で 音楽を 聞く

________________________。
________________________。

2

犬と 散歩する

________________________。
________________________。

3

2時間も 待つ

________________________。
________________________。

4

美術館の 前で 写真を 撮る

________________________。
________________________。

WORD

- ～で 働(はたら)く ～에서 일하다
- 電車(でんしゃ) 전철
- 音楽(おんがく) 음악
- 散歩(さんぽ) 산책
- 2時間(にじかん)も 2시간이나
- 美術館(びじゅつかん) 미술관

A 잘 듣고 밑줄 친 부분에 써 보세요.

Track 71

1 ホテルは まだ 予約(よやく)＿＿＿＿＿＿＿＿＿んだ。

2 昨日(きのう)は 休(やす)み＿＿＿＿＿＿＿＿＿のに、会社(かいしゃ)へ 行(い)ったんだ。

3 学生(がくせい)＿＿＿＿＿＿＿＿＿理解(りかい)できると思(おも)う。

B 그림을 보고 내용과 알맞은 번호를 고르세요.

1

정답 ① ② ③

2

정답 ① ② ③

漢字・カタカナ練習

한 자 다음 한자를 읽고 따라 써 보세요.

成 이룰 **성**

成績
せい せき
성적

成績
せい せき

보기 成功(**せい**こう) 성공, 成果(**せい**か) 성과

告 알릴 **고**

告白
こく はく
고백

告白
こく はく

보기 広告(こう**こく**) 광고, 告発(**こく**はつ) 고발

能 능할 **능**

芸能人
げい のう じん
예능인

芸能人
げい のう じん

보기 性能(せい**のう**) 성능, 能力(**のう**りょく) 능력

가타카나 다음 가타카나를 읽고 따라 써 보세요.

アルバム
album **앨범**

アルバム

アルバム

デザイン
design **디자인**

デザイン

デザイン

会話復習

회화 복습

Track 72

다음의 『会話/회화』 스크립트를 보면서 복습해 보세요.

부록

회화, 읽어 봅시다 해석

써 봅시다, 들어 봅시다 정답

会話, 読んでみましょう

1과

회화

다니엘　이 씨, 이번 일요일은 뭔가 예정이 있어요?
이　일요일이요? 아직 아무것도 없습니다만…….
다니엘　실은 연극 티켓이 2장 있는데, 같이 안 갈래요?
이　좋네요. 무슨 연극이에요?
다니엘　「러브 소나타」라고 하는 연극인데요, 대단히 인기가 있어요. 최근 화제 작품이거든요.
이　정말이에요?
　그럼, 몇 시에 어디서 만날까요?
다니엘　1시에 신주쿠 역 동쪽 출구에서 만나요.
이　알겠습니다.

읽어봅시다

저는 스포츠 중에서 야구를 가장 좋아합니다.
지난주 토요일도 학교 친구와 함께 야구장에 갔습니다.
저는 TDS라고 하는 팀의 팬입니다. TDS의 시합은 매번 갑니다.
주말은 아르바이트가 있지만, 시합 날은 아르바이트를 쉽니다.
다음 주 토요일은 도쿄돔에서 시합이 있습니다.
토요일 아르바이트는 1시까지니까 아르바이트 후에 갈 예정입니다.

2과

회화

링　다니엘 씨의 취미는 뭐예요?
다니엘　제 취미는 기타를 치는 거예요.
링　에! 록이에요? 포크예요?
다니엘　아니요. 재즈예요.
링　와~, 굉장하군요.
다니엘　실은 이번 주말, 콘서트가 있거든요.
　저도 연주하러 갑니다.
링　저도 꼭 가고 싶어요. 장소는 어디예요?
다니엘　학교 근처의 CC홀이에요.
링　친구와 같이 보러 갈게요.

읽어봅시다

제 취미는 소설을 읽는 겁니다.
저는 일주일에 2, 3권 정도 읽습니다. 특히 추리소설을 좋아합니다.
게다가, 저는 소설을 쓰는 것도 좋아합니다.
언젠가 드라마 시나리오를 쓰고 싶습니다.
하지만, 연애 드라마는 쓰고 싶지 않습니다.
그것보다 추리드라마를 쓰고 싶습니다.

3과

회화

다카하시　링 씨, 어제는 무엇을 했어요?
링　왕 씨와 같이 아키하바라에 쇼핑하러 갔어요.
다카하시　무엇을 샀어요?
링　실은 디지털 카메라를 살 생각이었는데, 결국 새 스마트폰을 샀어요.
다카하시　우와~! 이거 화면이 커서 보기 쉽네요.
링　네. 참 편리해요. 저는 매일 전철 안에서 음악을 들으면서 메일을 체크해요.
다카하시　그거 좋네요.
링　하지만, 어플리케이션이 많아서 사용법을 아직 잘 모르겠어요.

읽어봅시다

내일은 한국에서 친구가 옵니다.
그는 저의 대학시절 친구입니다.
그는 대학에서 기계공학을 전공했습니다.
성격도 좋고, 잘생겨서 인기가 많았습니다.
저는 내일 나리타 공항에서 친구를 기다립니다.
도쿄의 이곳저곳을 같이 구경하면서 맛있는 것을 먹을 생각입니다.

4과

회화

김　이제 완전히 겨울이 되었네요.
야마시타　그렇네요. 꽤 추워졌어요.
　김 씨, 일본 생활에는 이제 익숙해졌어요?
김　네. 처음에는 좀 힘들었지만.
야마시타　어떤 점이 어려웠어요?
김　저는 한자를 잘 못하기 때문에, 처음에는 역 이름을 읽는 것이 어려웠습니다.
야마시타　요즘은 어때요?

김 　　　한자는 어느 정도 익숙해졌는데. 듣기는 아직 좀…….
야마시타 듣기 공부에는 드라마랑 뉴스가 도움이 된다고 생각해요.
김 　　　그래요? 좀 더 일본어를 잘하고 싶어요.

읽어봅시다

세민 씨에게
오랜만입니다. 잘 지내세요? 영국은 조금 추워졌습니다.
일본은 어떻습니까? 올해 저는 회사원이 되었습니다.
회사는 런던에 있습니다. 요즘 회사가 바빠서 좀 힘듭니다.
학교 생활은 어떻습니까? 일본어는 능숙해졌습니까?
이번에 또 전화로 이야기합시다. 런던 사진을 같이 보냅니다.
또 메일을 하겠습니다.
마리아로부터

5과

회화

다니엘 링 씨, 무엇을 읽고 있어요?
링 　　일본요리 잡지를 읽고 있어요.
다니엘 에~, 일본요리요?
링 　　네, 일주일에 한 번, 학교가 끝나고 나서 요리 교실에 다니고 있어요.
　　　다니엘 씨도 요리를 좋아해요?
다니엘 저는 요리보다 빵과 케이크를 만드는 것에 흥미가 있어요.
링 　　그래요? 집 근처에 맛있는 빵가게가 있는데….
다니엘 정말이요? 저도 가보고 싶어요. 장소를 가르쳐 주세요.

읽어봅시다

요즘 회사가 바빠서 운동할 시간이 별로 없습니다만, 일주일에 두 번, 회사가 끝나고 나서 스포츠 센터에 다니고 있습니다.
때때로, 일하기 전에 갈 때도 있습니다.
내일은 스즈키 씨를 만나서 같이 테니스를 칩니다.
저는 운동을 하면서 땀을 흘리는 것을 아주 좋아합니다.

6과

회화

다카하시 이 씨는 어디에 살고 있어요?
이 　　　사이타마에 살고 있어요. 조용하고 집세도 싸니까 마음에 들어요.
다카하시 집에서 학교까지 어느 정도 걸려요?
이 　　　전철로 1시간 정도 걸려요.
　　　　다카하시 씨의 집은 어디예요?
다카하시 치바예요.
　　　　집에서 역까지 걸어서 5분 정도밖에 안 걸려요.
이 　　　편리하고 좋네요. 혼자 살아요?
다카하시 아니요. 가족과 살고 있어요.
　　　　하지만 누나는 결혼했으니까, 지금은 부모님과 저 세 식구예요.

읽어봅시다

저는 사이타마에 살고 있습니다.
전에는 신주쿠 근처에 살았는데, 작년에 이사했습니다.
사이타마는 신주쿠보다 집세도 싸고, 주변도 조용하니까 마음에 듭니다.
사이타마에는 슈퍼아레나라고 하는 유명한 콘서트장이 있어서 저는 때때로 인기가수의 콘서트를 보러 갑니다.
다음 주도 아르바이트가 끝나고 나서 친구와 함께 갈 예정입니다.

7과

회화

김 　　　에~, 평일인데도 사람이 꽤 많네요.
야마시타 네, 여기는 싸고 맛있거든요.
　　　　김 씨, 회전초밥은 처음이에요?
김 　　　네, 하지만, 일본 초밥은 가격이 비싸죠?
야마시타 아니요. 이 가게의 초밥은 105엔이에요.
김 　　　에? 뭐든지 105엔이에요?
야마시타 네. 음료랑 디저트는 좀 더 비쌀지도 모르지만, 초밥은 전부 105엔이에요.
김 　　　에~, 정말이에요? 여기, 매일 와도 돼요?
야마시타 에! 매일 초밥만 먹는 것은 좀…….

읽어봅시다

저와 친구는 일본의 애니메이션을 매우 좋아하기 때문

에 지브리 미술관을 예약해서 갈 생각입니다.
지브리 미술관은 JR중앙선 미타카 역에서 15분 되는 곳에 있습니다.
저는 미타카 역은 처음입니다. 우리 집에서 가깝지만, 친구 집에서는 좀 멀지도 모릅니다.
미술관 밖에서는 사진을 찍어도 됩니다만,
내부에서는 찍으면 안 됩니다. 매우 유감입니다.

8과

회화

선배 링 씨, 오늘 안색이 안 좋네.
링 실은 어제 술자리가 있어서 모두 과음해서…….
요즘 술자리가 많아서 계속 술만 마시고 있어요.
선배 에~, 괜찮아?
링 오늘 아침도 늦잠 자서 학교 수업에도 늦어버렸어요.
선배 그렇구나. 힘들었겠네.
링 네. 지금도 속이 별로 안 좋은데요.
선배 아, 잠깐만 기다려봐!
숙취에는 이게 최고야. 잘 들어.
집에 돌아가서 이거 마시고 일찍 자.
링 네~. 선배님.

읽어봅시다

어제 회사가 끝나고 나서 동료와 함께 술집에 갔습니다.
우선, 맥주와 안주를 주문해서 다같이 건배했습니다.
안주가 참 맛있어서 너무 많이 먹어버렸습니다.
그리고, 가라오케에 가서 3시간 노래했습니다.
오늘 아침 9시부터 회의였는데, 저는 늦잠 자서 늦어버렸습니다.
어제 너무 많이 노래해서 목도 아프고 과음해서 지금도 속이 안 좋습니다.

9과

회화

칭 우와~, 여긴 어디예요? 멋진 곳이네요.
야마시타 요전번 구로카와 온천에 갔을 때, 찍은 사진이에요.
저, 온천을 아주 좋아하거든요.
칭 구로카와 온천은 도쿄에 있는 거예요?
야마시타 아니요, 규슈의 구마모토에 있는건데, 일본에서 아주 유명한 곳입니다.
칭 씨는 일본 온천에 간 적이 있어요?
칭 아니요, 저는 일본에 온 지 얼마 안 돼서 아직……. 실은 다음 주 중국에서 가족이 오는데, 어디 온천에 가는 편이 좋아요? 추천할 곳이 있어요?
야마시타 글쎄요. 역시 도쿄에서 가까운 하코네 온천이 좋다고 생각해요.

읽어봅시다

온천에는 여러 가지 효능이 있습니다. 장소에 따라서 효능도 달라집니다.
온천에 들어갈 때는 우선 몸을 깨끗이 씻고 나서 들어가는 편이 좋습니다.
저는 학창시절에 일본의 온천여관에 간 적이 있습니다.
일본요리를 처음 먹었는데, 참 맛있었습니다.
게다가, 노천탕의 경치도 멋있었습니다.
언젠가 가족과 함께 또 가고 싶다고 생각합니다.

10과

회화

다니엘 이 씨, 쉬는 날은 보통 무엇을 해요?
이 음, 친구와 밥을 먹기도 하고 수다를 떨기도 해요. 다니엘 씨는요?
다니엘 저는 한가할 때는 음악을 듣거나 운동을 하거나 해요. 최근에는 수영을 배우기 시작했어요.
이 아~, 제 친구 안나도 수영을 배우고 싶어해요. 저도 수영에 흥미가 있어요.
다니엘 그래요?
수영이 처음이라면 같이 안 갈래요?
이 저, 남자와 같이 가는 것은 좀 부끄러운데요…….
다니엘 에! 왜?

읽어봅시다

7월 2일 월요일 맑음
오늘은 학교 휴일이다.

어제 밤 늦게까지 일을 했기 때문에 아침에는 푹 잤다.
11시쯤 카페에서 브런치를 먹고 나서 책을 읽기도 하고 음악을 듣기도 했다.
그리고, 서점에 가서 홋카이도의 가이드북을 샀다.
홋카이도는 내가 전부터 가고 싶었던 곳이다.
내 여자친구도 가고 싶어 하기 때문에 다음 달 같이 갈 생각이다.

11과

회화

야마시타　다니엘 씨는 운전면허를 갖고 있어요?
다니엘　네, 갖고 있어요.
야마시타　와~, 국제면허예요?
다니엘　네. 일본에서 신청했는데, 좀처럼 운전할 기회가 없어요. 야마시타 씨는 면허가 있어요?
야마시타　네, 있는데, 운전을 못 해요. 장롱면허이거든요.
다니엘　에! 장롱면허?
야마시타　면허를 따고 나서 전혀 운전을 하지 않고 있다는 의미예요.
다니엘　장롱면허. 바로 외울 수 있겠네요.

읽어봅시다

우리 반에는 한국인, 중국인. 미국인 등 여러 나라의 사람이 있습니다.
반 친구 중에 「마이크」라고 하는 사람이 있습니다.
그는 미국의 LA에서 왔습니다. 마이크는 한국에 관심이 있기 때문에, 간단한 한국어를 이야기할 수 있습니다.
하지만, 한글은 아직 못 씁니다.
그는 중국어도 조금 할 수 있습니다.
저는 영어에 자신이 없기 때문에 저와 마이크는 일본어와 영어를 섞어서 이야기합니다.

12과

회화

하루카　준, 어제 저녁에 「레인보우」 봤어?
준　응, 물론이지. 하루카는?
하루카　어제는 좀 피곤해서 자버려서. 그 다음 편은 어떻게 됐어?
준　그게, 다이스케가 타쿠야의 여자친구에게 좋아한다고 고백한 거야.
하루카　에~, 정말? 두 사람 친한 친구였는데……. 말도 안 돼!
준　나는 다이스케, 이해할 수 있는데.
하루카　에? 무슨 소리야? 설마 그런 경험이 있는 거야?
준　아니야. 그냥 남자로서 이해할 수 있다고 말한 것뿐이야.
하루카　왠지 수상한데~.

읽어봅시다

나는 오늘 야마구치 씨와 함께 「고백」이라는 영화를 봤다.
실은 나, 전부터 야마구치 씨를 좋아했기 때문에 참 기뻤다.
이런 행복한 시간이 쭉 계속되면 좋겠다고 생각했다.
매일 만나기도 하고 데이트하고 싶지만, 아직 사귀지 않기 때문에 무리라고 생각한다.
그도 나에게 아직 고백하지 않았다. 왜일까? 오늘은 야마구치 씨로부터 한 번도 전화가 없다.
나는 아침부터 계속 휴대전화를 보고만 있다. 아~! 짜증나!

書いてみましょう, 聞いてみましょう

1과

써 봅시다

1 ① 写真(しゃしん)を 撮(と)りましょう
② 写真(しゃしん)を 撮(と)りましょうか
③ 写真(しゃしん)を 撮(と)りませんか

2 ① 散歩(さんぽ)を しましょう
② 散歩(さんぽ)を しましょうか
③ 散歩(さんぽ)を しませんか

3 ① 歌(うた)を 歌(うた)いましょう
② 歌(うた)を 歌(うた)いましょうか
③ 歌(うた)を 歌(うた)いませんか

들어 봅시다

A

1 話(はな)しましょう

2 行(い)きましょうか

3 散歩(さんぽ)しませんか

해석

1 지금부터 일본어로 이야기합시다.

2 어디에 갈까요?

3 같이 산책하지 않겠습니까?

B

1 ②

스크립트

A：土曜日(どようび)に 何(なに)か 予定(よてい)が ありますか。

B：① 土曜日(どようび)ですか。まだ 予定(よてい)は ありませんが。
② はい、田中(たなか)さんと 一緒(いっしょ)に 映画(えいが)を 見(み)ます。
③ はい、試験(しけん)の 勉強(べんきょう)を します。

해석

A：토요일에 뭔가 예정이 있습니까?

B：① 토요일이요? 아직 예정은 없습니다만.
② 네, 다나카 씨와 함께 영화를 봅니다.
③ 네, 시험 공부를 합니다.

2 ③

스크립트

A：明日(あした)、何時(なんじ)に 会(あ)いましょうか。

B：① 一緒(いっしょ)に 会(あ)いましょうか。
② 土曜日(どようび)に 会(あ)いませんか。
③ 6時(ろくじ)に 会(あ)いましょう。

해석

A： 내일 몇 시에 만날까요?

B： ① 같이 만날까요?
② 토요일에 만나지 않겠습니까?
③ 6시에 만납시다.

2과

써 봅시다

1 アメリカへ 留学(りゅうがく)に 行(い)きたいです
アメリカへ 留学(りゅうがく)に 行(い)きたく ありません

2 散歩(さんぽ)に 行(い)きたいです
散歩(さんぽ)に 行(い)きたく ありません

3 中華料理を 食べに 行きたいです
中華料理を 食べに 行きたく ありません
4 先輩と お酒を 飲みに 行きたいです
先輩と お酒を 飲みに 行きたく ありません

들어 봅시다

A

1 こと

2 に 行きます

3 が

해석

1 제 취미는 피아노를 치는 것입니다.

2 주말은 친구와 함께 꽃구경하러 갑니다.

3 저는 커피를 마시고 싶습니다.

B

1 ②

스크립트

A：渡辺さんは 何が 食べたいですか。
B：① 私は すしが 好きじゃ ありません。
② 私は すしが 食べたいです。
③ あの、すみません。すしは いくらですか。

해석

A：와타나베 씨는 무엇을 먹고 싶습니까?
B：① 저는 초밥을 좋아하지 않습니다.
② 저는 초밥을 먹고 싶습니다.
③ 저, 실례합니다. 초밥은 얼마입니까?

2 ③

스크립트

A：キムさん、水曜日は 何を しますか。
B：① 友達と 一緒に 映画を 見に 行きます。
② 水曜日は 休みなので、ゆっくり 寝ます。
③ 韓国へ 出張に 行きます。

해석

A：김 씨, 수요일은 무엇을 합니까?
B：① 친구와 함께 영화를 보러 갑니다.
② 수요일은 휴일이라서 푹 잡니다.
③ 한국에 출장 갑니다.

3과

써 봅시다

1 ① 漢字の 覚え方
② 漢字を 覚えながら
③ 漢字は 覚えやすい
④ 漢字は 覚えにくい

2 ① ギターの 弾き方
② ギターを 弾きながら
③ ギターは 弾きやすい
④ ギターは 弾きにくい

들어 봅시다

A

1 つもり

2 やすい

3 聞きながら

해석

1 오늘은 제 방을 청소할 생각입니다.

2 이 한자는 간단해서 외우기 쉽습니다.

3 음악을 들으면서 운동을 합니다.

B

1 ①

스크립트

A：週末は 何を する つもりですか。

B：① 彼女と 一緒に ドライブに 行く つもりです。

② 彼女と 一緒に ドライブを しました。

③ 彼女と 一緒に ドライブを しませんでした。

해석

A：주말은 무엇을 할 생각입니까?

B：① 여자친구와 함께 드라이브를 하러 갈 생각입니다.

② 여자 친구와 함께 드라이브를 했습니다.

③ 여자친구와 함께 드라이브를 하지 않았습니다.

2 ③

스크립트

A：デパートで 何を 買いましたか。

B：① 実は デジカメを 買う つもりでしたが、結局 靴を 買いました。

② 実は かばんを 買う つもりでしたが、結局 デジカメを 買いました。

③ 実は デジカメを 買う つもりでしたが、結局 かばんを 買いました。

해석

A：백화점에서 무엇을 샀습니까?

B：① 실은 디지털 카메라를 살 생각이었는데, 결국 구두를 샀습니다.

② 실은 가방을 살 생각이었는데, 결국 디지털 카메라를 샀습니다.

③ 실은 디지털 카메라를 살 생각이었는데, 결국 가방을 샀습니다.

4과

써 봅시다

1 田中さんは 立派な サッカー選手に なりました

2 山下さんは 髪が 長く なりました

3 イさんは 英語の 勉強が 好きに なりました

4 キムさんは 学校の 成績が よく なりました

들어 봅시다

A

1 に

2 高く なりました。

3 有名だ

해석

1 저는 노래를 잘하고 싶습니다.

2 제 남동생은 꽤 키가 컸습니다.

3 저 배우는 한국에서 가장 유명하다고 생각합니다.

B

1 ①

스크립트

A：最近、中国の 天気は どうですか。

B：① だいぶ 寒く なりました。

② だいぶ 暑く なりました。

③ 昨日は とても 寒かったです。

해석

A：요즘, 중국의 날씨는 어떻습니까?

B：① 꽤 추워졌습니다.

② 꽤 더워졌습니다.

③ 어제는 정말 추웠습니다.

2 ③

스크립트

A：ダニエルさん、最近、日本語の 勉強は どうですか。

B：① 聞き取りが 一番 難しいと 思います。

② 文法が 一番 難しいと 思います。

③ 漢字が 一番 難しいと 思います。

해석

A：다니엘 씨, 요즘 일본어 공부는 어떻습니까?

B：① 듣기가 가장 어렵다고 생각합니다.

② 문법이 가장 어렵다고 생각합니다.

③ 한자가 가장 어렵다고 생각합니다.

5과

써 봅시다

1 ① 地下鉄に 乗って います

② 地下鉄に 乗って ください

③ 地下鉄に 乗ってから

④ 地下鉄に 乗って みたいです

2 ① 美術を 教えて います

② 美術を 教えて ください

③ 美術を 教えてから

④ 美術を 教えて みたいです

3 ① ラジオを 聞いて います

② ラジオを 聞いて ください

③ ラジオを 聞いてから

④ ラジオを 聞いて みたいです

들어 봅시다

A

1 飲んで います

2 話して ください

3 食べて みたいです

해석

1 친구와 커피를 마시고 있습니다.

2 야마시타 씨와 일본어로 이야기해 주세요.

3 저도 일본요리, 먹어보고 싶습니다.

B

1 ③

스크립트

A：松本(まつもと)さんは 部屋(へや)で 何(なに)を して いますか。

B：① 松本(まつもと)さんは 本(ほん)を 読(よ)んで います。

② 松本(まつもと)さんは 音楽(おんがく)を 聞(き)いて います。

③ 松本(まつもと)さんは 寝(ね)て います。

해석

A：마츠모토 씨는 방에서 무엇을 하고 있습니까?

B：① 마츠모토 씨는 책을 읽고 있습니다.

② 마츠모토 씨는 음악을 듣고 있습니다.

③ 마츠모토 씨는 자고 있습니다.

2 ②

스크립트

A：週末(しゅうまつ)は 何(なに)を しましたか。

B：① 友達(ともだち)と 映画(えいが)を 見(み)て 買(か)い物(もの)を してから 食事(しょくじ)を しました。

② 友達(ともだち)と 一緒(いっしょ)に 買(か)い物(もの)を してから 食事(しょくじ)を しました。

③ 友達(ともだち)に 会(あ)って 買(か)い物(もの)を してから 映画(えいが)を 見(み)ました。

해석

A：주말은 무엇을 했습니까?

B：① 친구와 영화를 보고 쇼핑을 하고 나서 식사를 했습니다.

② 친구와 함께 쇼핑을 하고 나서 식사를 했습니다.

③ 친구를 만나서 쇼핑을 하고 나서 영화를 봤습니다.

6과

써 봅시다

1 はい、食(た)べました

いいえ、まだ 食(た)べて いません

2 はい、読(よ)みました

いいえ、まだ 読(よ)んで いません

3 はい、来(き)ました

いいえ、まだ 来(き)て いません

4 はい、使(つか)いました

いいえ、まだ 使(つか)って いません

들어 봅시다

A

1 に 住(す)んで います

2 して いません

3 安(やす)いから

해석

1 저의 가족은 한국에 살고 있습니다.

2 저는 아직 결혼 안 했습니다.

3 이 맨션은 조용하고 집세도 싸니까 좋네요.

B

1 ③

스크립트

A：中山(なかやま)さんの 家(うち)は どうですか。

B：① 私(わたし)の 家(うち)は 駅(えき)から 遠(とお)いですが、家賃(やちん)は とても 安(やす)いです。

② 私(わたし)の 家(うち)は 駅(えき)から 近(ちか)いですが、家賃(やちん)は 高(たか)いです。

③ 私(わたし)の 家(うち)は 駅(えき)から 近(ちか)いし、家賃(やちん)も 安(やす)いです。

해석

A : 나카야마 씨의 집은 어떻습니까?
B : ① 저의 집은 역에서 멀지만, 집세는 매우 쌉니다.
② 저의 집은 역에서 가깝지만, 집세는 비쌉니다.
③ 저의 집은 역에서 가깝고, 집세도 쌉니다.

2 ①

스크립트

A : 家(うち)から 学校(がっこう)まで どのぐらい かかりますか。
B : ① バスで ３０分(さんじゅっぷん)ぐらい かかります。
② 電車(でんしゃ)で ３０分(さんじゅっぷん)ぐらいしか かかりません。
③ 歩(ある)いて ３０分(さんじゅっぷん)ぐらい かかります。

해석

A : 집에서 학교까지 얼마나 걸립니까?
B : ① 버스로 30분 정도 걸립니다.
② 전철로 30분 정도밖에 안 걸립니다.
③ 걸어서 30분 정도 걸립니다.

7과

써 봅시다

1

1 家(うち)へ 帰(かえ)っても いいです
家(うち)へ 帰(かえ)っては 行(い)けません

2 中山(なかやま)さんと 結婚(けっこん)しても いいです
中山(なかやま)さんと 結婚(けっこん)しては いけません

2

1 ちょっと 難(むずか)しいかも しれません

2 もっと 野球(やきゅう)が 上手(じょうず)かも しれません

들어 봅시다

A

1 開(あ)けても

2 いけません

3 かも しれません

해석

1 창문을 열어도 됩니까?

2 여기서 사진을 찍으면 안 됩니다.

3 내년에 여자친구와 결혼할지도 모릅니다.

B

1 ③

스크립트

A : あの、お酒(さけ)を 飲(の)んでも いいですか。
B : ① 一緒(いっしょ)に 飲(の)みに 行(い)きましょう。
② はい、お酒(さけ)が 大好(だいす)きなんです。
③ いいえ、飲(の)んでは いけません。

해석

A : 저, 술을 마셔도 됩니까?
B : ① 같이 마시러 갑시다.
② 네, 술을 너무 좋아하거든요.

③ 아니요, 마시면 안 됩니다.

2 ②

스크립트

A：イさん、今度の 日曜日に 花見に 行きませんか。

B：① 土曜日は たぶん 雨が 降るでしょう。

② いいですね。でも、日曜日は 雨が 降るかも しれません。

③ 今日は 雨が 降っては いけません。

해석

A：이 씨, 이번 일요일에 꽃구경하러 안 갈래요?

B：① 토요일은 아마 비가 오겠죠.

② 좋아요. 하지만, 일요일은 비가 올지도 몰라요.

③ 오늘은 비가 오면 안 됩니다.

8과

써 봅시다

1 歌を 歌いすぎる

歌を 歌いなさい

歌を 歌ってばかり います

歌を 歌って しまいました

2 寝すぎる

寝なさい

寝てばかり います

寝て しまいました

3 ビールを 飲みすぎる

ビールを 飲みなさい

ビールを 飲んでばかり います

ビールを 飲んで しまいました

들어 봅시다

A

1 ばかり

2 しまいました

3 帰りなさい

해석

1 내일부터 시험인데도 친구와 놀기만 하고 있습니다.

2 아침 10시까지 자 버렸습니다.

3 빨리 집에 돌아오세요.

B

1 ②

스크립트

A：どうしましたか。

B：① 日本料理を 食べすぎました。

② 昨日 お酒を 飲みすぎて 気分が 悪いです。

③ 寝すぎて 頭が 痛いです。

해석

A：무슨 일이에요?

B：① 일본요리를 너무 많이 먹었어요.

② 어제 술을 너무 많이 마셔서 속이 안 좋아요.

③ 너무 많이 자서 머리가 아파요.

2 ①

스크립트

A：大輔さん、昨日は その ドラマを 見ましたか。

B：① いいえ、寝て しまいました。

② はい、見る つもりです。

③ いいえ、一日中 見て ばかり います。

해석

A：다이스케 씨, 어제는 그 드라마를 봤습니까?

B：① 아니요, 자 버렸습니다.

② 네, 볼 생각입니다.

③ 아니요, 하루 종일 보기만 하고 있어요.

9과

써 봅시다

1 薬を 飲んだ ことが あります
薬を 飲んだ 方が いいです
薬を 飲んだ ばかりです
薬を 飲んだ 時

2 メールを 送った ことが あります
メールを 送った 方が いいです
メールを 送った ばかりです
メールを 送った 時

3 映画を 見た ことが あります
映画を 見た 方が いいです
映画を 見た ばかりです
映画を 見た 時

들어 봅시다

A

1 聞いた こと

2 来た ばかり

3 方が いいです

해석

1 이 노래를 들은 적이 있습니까?

2 저는 한국에 온 지 얼마 안 돼서 아직…….

3 매일 아침 운동하는 편이 좋습니다.

B

1 ①

스크립트

A：日本の 温泉へ 行った ことが ありますか。

B：① はい、行った ことが あります。

② いいえ、私は 温泉へ 行った ばかりです。

③ はい、行った 方が いいです。

해석

A：일본의 온천에 간 적이 있습니까?

B：① 네, 간 적이 있습니다.

② 아니요, 저는 온천에 간 지 얼마 안 됐습니다.

③ 네, 가는 편이 낫습니다.

2 ③

스크립트

A：頭が 痛いです。どう した 方が いいですか。

B：① 私、今 家へ 帰っても いいですか。

② 病院へ 行きたく ありません。

③ 薬を 飲んで ゆっくり 休んだ 方が いいです。

해석

A ： 머리가 아파요. 어떻게 하는 편이 좋겠습니까?

B ： ① 저는 지금 집에 돌아가도 됩니까?

② 병원에 가고 싶지 않습니다.

③ 약을 먹고 푹 쉬는 편이 좋습니다.

10과

써 봅시다

1 着物を 着たり ドレスに 着替えたり します。

2 仕事は 忙しかったり 暇だったり します。

3 交通は 便利だったり 不便だったり します。

4 午後から 晴れたり 曇ったり します。

들어 봅시다

A

1 聞いたり

2 したり

3 行きたがって

해석

1 음악을 듣기도 하고 영화를 보기도 합니다.

2 노래를 부르기도 하고 춤을 추기도 합니다.

3 제 친구는 홋카이도에 가고 싶어합니다.

B

1 ②

스크립트

A：小野山さんは 休みの 日は 何を しますか。

B：① 料理を したり 運動したり します。

② 掃除したり 料理を したり します。

③ 勉強したり 掃除したり します。

해석

A ： 오노야마 씨는 쉬는 날은 무엇을 합니까?

B ： ① 요리를 하기도 하고, 운동을 하기도 합니다.

② 청소를 하기도 하고, 요리를 하기도 합니다.

③ 공부를 하기도 하고, 청소를 하기도 합니다.

2 ②

스크립트

① 私は 海に 行きたいですが、彼女は 山に 行きたいです。

② 私は 山に 行きたいですが、彼女は 海に 行きたがって います。

③ 私は 山にも 行きたいし、海にも 行きたいです。

해석

① 저는 바다에 가고 싶은데, 여자친구는 산에 가고 싶습니다.

② 저는 산에 가고 싶은데, 여자친구는 바다에 가고 싶어 합니다.

③ 저는 산에도 가고 싶고, 바다에도 가고 싶습니다.

11과

써 봅시다

1. お酒(さけ)が 飲(の)めます
   お酒(さけ)が 飲(の)めません
2. ゲームが できます
   ゲームが できません
3. 洗濯(せんたく)が できます
   洗濯(せんたく)が できません
4. 車(くるま)が 止(と)められます
   車(くるま)が 止(と)められません

들어 봅시다

A

1. できますか
2. 行(い)けません
3. という

해석

1. 저, 실례합니다. 이거 교환할 수 있습니까?
2. 내일은 여동생 졸업식이라서 못 갑니다.
3. '학교'라고 하는 드라마를 본 적이 있습니까?

B

1 ②

스크립트

A：日本語(にほんご)が できますか。

B：① はい、英語(えいご)が できます。

② はい、少(すこ)し できます。

③ 韓国語(かんこくご)は 全然(ぜんぜん) わかりません。

해석

A : 일본어를 할 수 있습니까?

B : ① 네, 영어를 할 수 있습니다.

② 네, 조금 할 수 있습니다.

③ 한국어는 전혀 모릅니다.

2 ③

스크립트

男(おとこ)の 人(ひと)と 女(おんな)の 人(ひと)が 話(はな)して います。二人(ふたり)は いつ 映画(えいが)を 見(み)に 行(い)きますか。

A：土曜日(どようび)に 映画(えいが)を 見(み)に 行(い)きませんか。

B：土曜日(どようび)は 6日(むいか)ですね。
あ！その 日(ひ)は 友達(ともだち)の 結婚式(けっこんしき)が あるので、行(い)けません。

A：じゃ、来週(らいしゅう)の 金曜日(きんようび)は どうですか。

B：すみません。金曜日(きんようび)は 飲(の)み会(かい)が あるんです。
土曜日(どようび)だったら 大丈夫(だいじょうぶ)ですが…。

A：じゃ、土曜日(どようび)に 行(い)きましょう。

해석

남자와 여자가 이야기하고 있습니다. 두 사람은 언제 영화를 보러 갑니까?

A : 토요일에 영화를 보러 가지 않겠습니까?

B : 토요일은 6일이네요.
아! 그날은 친구 결혼식이 있어서 못 갑니다.

A : 그럼, 다음 주 금요일은 어떻습니까?

B : 죄송합니다. 금요일은 모임(회식)이 있거든요.
토요일이라면 괜찮은데…….

A : 그럼, 토요일에 갑시다.

12과

써 봅시다

1 電車の 中で 音楽を 聞くんだ(聞くの)。

電車の 中で 音楽を 聞いたんだ(聞いたの)。

2 犬と 散歩するんだ(散歩するの)。

犬と 散歩したんだ(散歩したの)。

3 2時間も 待つんだ(待つの)。

2時間も 待ったんだ(待ったの)。

4 美術館の 前で 写真を 撮るんだ(撮るの)。

美術館の 前で 写真を 撮ったんだ(撮ったの)。

들어 봅시다

A

1 して いない

2 だった

3 として

해석

1 호텔은 아직 예약 안 했어.

2 어제는 휴일이었는데도 회사에 갔어.

3 학생으로서 이해할 수 있다고 생각해.

B

1 ②

스크립트

A：ここで 今 何 してるの。

B：① 明日は 海へ 遊びに 行くよ。

② 卒業アルバムを 見て いるの。

③ 大学時代の 写真を 見て いるんですか。

해석

A：여기서 지금 뭐하고 있어?

B：① 내일은 바다에 놀러 가.

② 졸업 앨범을 보고 있어.

③ 대학시절 사진을 보고 있는 겁니까?

2 ③

스크립트

A：昨日は 何 した。

B：① 明日から テストなので、勉強する つもり。

② 日本語の 勉強を 一緒に しましょうか。

③ 10時まで 図書館で 勉強したよ。

해석

A：어제 뭐 했어?

B：① 내일부터 시험이라서 공부할 생각이야.

② 일본어 공부를 같이 할까요?

③ 10시까지 도서관에서 공부했어.

MEMO

MEMO

일본어뱅크

귀와 입이 저절로 열리는

감바레 がんばれ 일본어 워크북

문선희 · 임만호 · 유창석 지음

STEP 2

동양북스

일본어뱅크

귀와 입이 저절로 열리는

감바레 がんばれ 일본어 워크북

STEP 2

동양북스

1과 何(なに)か 予定(よてい)が ありますか。 뭔가 예정이 있습니까?

KEY WORD 본책 27쪽

DATE : . .

아래 일본어를 어떻게 읽는지 (   )안에 히라가나를 써 보세요.

 予約 (　　　　　　) 예약	 予定 (　　　　　　) 예정	 演劇 (　　　　　　) 연극
 作品 (　　　　　　) 작품	 試験 (　　　　　　) 시험	 野球 (　　　　　　) 야구
 ホテル (　　　　　　) 호텔	 チケット (　　　　　　) 티켓	 ファン (　　　　　　) 팬

KEY WORD

단어 읽기 정답

予約
(よやく)
예약

予定
(よてい)
예정

演劇
(えんげき)
연극

作品
(さくひん)
작품

試験
(しけん)
시험

野球
(やきゅう)
야구

ホテル
(ほてる)
호텔

チケット
(ちけっと)
티켓

ファン
(ふぁん)
팬

文法まとめ

문법 정리

빈칸에 써 보세요. 본책 33쪽

DATE : . .

ます형 활용 ③ 연습

기본형		~ましょう ~합시다	~ましょうか ~할까요?	~ませんか ~하지 않겠습니까?
会(あ)う	만나다			
待(ま)つ	기다리다			
話(はな)す	이야기하다			
飲(の)む	마시다			
行(い)く	가다			
遊(あそ)ぶ	놀다			
帰(かえ)る	돌아오다, 돌아가다			
見(み)る	보다			
食(た)べる	먹다			
教(おし)える	가르치다			
来(く)る	오다			
する	하다			

書いてみましょう

1 다음 예와 같이 일본어로 써 보세요. 본 책 39쪽

DATE :　　.　　.

예

テレビを 見(み)る

① テレビを 見(み)ましょう。

② テレビを 見(み)ましょうか。

③ テレビを 見(み)ませんか。

1

写真(しゃしん)を 撮(と)る

① ______________________________。

② ______________________________。

③ ______________________________。

2

散歩(さんぽ)を する

① ______________________________。

② ______________________________。

③ ______________________________。

3

歌(うた)を 歌(うた)う

① ______________________________。

② ______________________________。

③ ______________________________。

WORD

- テレビ(television) 텔레비전
- 写真(しゃ しん)を 撮(と)る 사진을 찍다
- 散歩(さん ぽ)を する 산책을 하다

한 자 본책 41쪽

DATE : . .

定 정할 **정**

보기 定食(ていしょく) 정식, 決定(けってい) 결정

定	定				

予定 よてい 예정	予定 よてい			

予 미리 **예**

보기 予定(よてい) 예정, 予習(よしゅう) 예습

予	予				

予約 よやく 예약	予約 よやく			

品 물건 **품**

보기 品質(ひんしつ) 품질

品	品				

作品 さくひん 작품	作品 さくひん			

가타카나

ホテル

hotel 호텔

ホテル		

チケット

ticket 티켓

チケット		

＊ 표현 PLUS ＊

歌(うた)を 歌(うた)う
노래를 부르다

たばこを 吸(す)う
담배를 피우다

写真(しゃしん)を 撮(と)る
사진을 찍다

ゆっくり 休(やす)む
푹 쉬다

7時(しちじ)に 起(お)きる
7시에 일어나다

11時(じゅういちじ)に 寝(ね)る
11시에 자다

日本語(にほんご)で 話(はな)す
일본어로 이야기하다

電話(でんわ)を する
전화를 하다

散歩(さんぽ)を する
산책 하다

2과 趣味(しゅみ)は 何(なん)ですか。 취미는 무엇입니까?

KEY WORD 본책 43쪽

DATE : . .

아래 일본어를 어떻게 읽는지 (   )안에 히라가나를 써 보세요.

 趣味 ( ) 취미	 読書 ( ) 독서	 水泳 ( ) 수영
 留学 ( ) 유학	 出張 ( ) 출장	 花見 ( ) 꽃구경
 ドライブ ( ) 드라이브	 ゴルフ ( ) 골프	 スキー ( ) 스키

KEY WORD

단어 읽기 정답

 趣味 （ しゅみ ） 취미	 読書 （ どくしょ ） 독서	 水泳 （ すいえい ） 수영
 留学 （ りゅうがく ） 유학	 出張 （ しゅっちょう ） 출장	 花見 （ はなみ ） 꽃구경
 ドライブ （ どらいぶ ） 드라이브	 ゴルフ （ ごるふ ） 골프	 スキー （ すきー ） 스키

빈칸에 써 보세요. 본 책 49쪽

DATE :   .   .

ます형 활용 ④ 연습

기본형		～たいです ～하고 싶습니다	～たく ありません (=～たく ないです) ～하고 싶지 않습니다	～に 行（い）く ～하러 가다 ～に 行（い）きたいです ～하러 가고 싶습니다
買（か）う	사다			
習（なら）う	배우다			
話（はな）す	이야기하다			
読（よ）む	읽다			
聞（き）く	듣다, 묻다			
遊（あそ）ぶ	놀다			
見（み）る	보다			
食（た）べる	먹다			
教（おし）える	가르치다			
留学（りゅうがく）する	유학하다			

書いてみましょう

써 봅시다

1 다음 예와 같이 일본어로 써 보세요. 본 책 55쪽

DATE :   .   .

예

花見(はなみ)に 行(い)く

花見(はなみ)に 行(い)きたいです。

花見(はなみ)に 行(い)きたく ありません。

1

アメリカへ 留学(りゅうがく)に 行(い)く

_______________________________。

_______________________________。

2

散歩(さんぽ)に 行(い)く

_______________________________。

_______________________________。

3

中華料理(ちゅうかりょうり)を 食(た)べに 行(い)く

_______________________________。

_______________________________。

4

先輩(せんぱい)と お酒(さけ)を 飲(の)みに 行(い)く

_______________________________。

_______________________________。

WORD

- 花見(はなみ) 꽃구경
- 留学(りゅうがく) 유학
- 中華料理(ちゅうかりょうり) 중국요리
- 先輩(せんぱい) 선배
- お酒(さけ)を 飲(の)む 술을 마시다

한 자 본책 57쪽

DATE : . .

留 머무를 류

보기 留意(りゅうい) 유의

留 留

留学 りゅう がく 유학	留学 りゅう がく			

出 나갈 출

보기 出発(しゅっぱつ) 출발, 出勤(しゅっきん) 출근

出 出

出張 しゅっ ちょう 출장	出張 しゅっ ちょう			

見 볼 견

보기 見本(みほん) 견본

見 見

花見 はな み 꽃구경	花見 はな み			

가타카나

ドライブ

drive 드라이브

ドライブ		

ゴルフ

golf 골프

ゴルフ		

＊ 표현 PLUS ＊ スポーツ, 運動(うんどう) 스포츠, 운동

 ゴルフ 골프	 スキー 스키	 スノーボード 스노보드
 水泳(すいえい) 수영	 野球(やきゅう) 야구	 サッカー 축구
 バスケットボール 농구	 剣道(けんどう) 검도	 柔道(じゅうどう) 유도

3과 音楽(おんがく)を 聞(き)きながら メールを チェックします。 음악을 들으면서 메일을 체크합니다.

KEYWORD 본 책 59쪽

DATE : . .

아래 일본어를 어떻게 읽는지 ( )안에 히라가나를 써 보세요.

 掃除 ( ) 청소	 携帯 ( ) 휴대전화	 上司 ( ) 상사
 同僚 ( ) 동료	 観光 ( ) 관광	 お見舞い ( ) 문병
 デジカメ ( ) 디지털 카메라의 줄임말	 ギター ( ) 기타	 ピアノ ( ) 피아노

KEY WORD

단어 읽기 정답

 掃除 (そうじ) 청소	 携帯 (けいたい) 휴대전화	 上司 (じょうし) 상사
 同僚 (どうりょう) 동료	 観光 (かんこう) 관광	 お見舞い (おみまい) 문병
 デジカメ (でじかめ) 디지털 카메라의 줄임말	 ギター (ぎたー) 기타	 ピアノ (ぴあの) 피아노

빈칸에 써 보세요.
본책 65쪽

DATE : . .

ます형 활용 ⑤ 연습

기본형		～方(かた) ～하는 법	～ながら ～하면서	～やすい ～하기 쉽다 ～にくい ～하기 어렵다
買(か)う	사다			
会(あ)う	만나다			
遊(あそ)ぶ	놀다			
読(よ)む	읽다			
飲(の)む	마시다			
書(か)く	쓰다			
話(はな)す	이야기하다			
作(つく)る	만들다			
見(み)る	보다			
食(た)べる	먹다			
覚(おぼ)える	외우다, 기억하다			
する	하다			

다음 예와 같이 일본어로 써 보세요. 본 책 71쪽

DATE : . .

1

예

お茶(ちゃ)を飲(の)む

① お茶(ちゃ)の 飲(の)み方(かた)

② お茶(ちゃ)を 飲(の)みながら 話(はな)します。

③ お茶(ちゃ)は 飲(の)みやすい。

④ お茶(ちゃ)は 飲(の)みにくい。

1

漢字

漢字(かんじ)を 覚(おぼ)える

① ______________________________

② ______________________________ 勉強(べんきょう)します。

③ ______________________________。

④ ______________________________。

2

ギターを 弾(ひ)く

① ______________________________

② ______________________________ 歌(うた)を 歌(うた)います。

③ ______________________________。

④ ______________________________。

WORD

- お茶(ちゃ)を 飲(の)む 차를 마시다
- 漢字(かんじ)を 覚(おぼ)える 한자를 외우다
- 歌(うた)を 歌(うた)う 노래를 부르다
- ギターを 弾(ひ)く 기타를 치다

한 자 본 책 73쪽

DATE : . .

除
덜 제

보기 掃除機(そうじき) 청소기

除 除

掃除 そうじ 청소	掃除 そうじ			

上
윗 상

보기 上手(じょうず) 능숙함, 以上(いじょう) 이상

上 上

上司 じょうし 상사	上司 じょうし			

観
볼 관

보기 観察(かんさつ) 관찰, 観客(かんきゃく) 관객

観 観

観光 かんこう 관광	観光 かんこう			

가타카나

デジカメ

digital camera 디지털카메라의 줄임말

デジカメ		

ギター

guitar 기타

ギター		

＊ 표현 PLUS ＊ 日本料理(にほんりょうり) 일본 요리

ラーメン
라면

うどん
우동

そば
소바

すし
초밥

さしみ
회

焼(や)き肉(にく)
(일본식) 불고기

お好(この)み焼(や)き
오코노미야키

すきやき
(일본식) 전골

牛丼(ぎゅうどん)
쇠고기 덮밥

天丼(てんどん)
튀김덮밥

おにぎり
삼각김밥

たこ焼(や)き
다코야키

4과 日本語(にほんご)が 上手(じょうず)に なりたいです。

일본어를 잘하고 싶습니다.

KEY WORD 본 책 72쪽

DATE : . .

아래 일본어를 어떻게 읽는지 (   )안에 히라가나를 써 보세요.

名前
(   )
이름

高校生
(   )
고등학생

俳優
(   )
배우

作家
(   )
작가

選手
(   )
선수

警察官
(   )
경찰관

ニュース
(   )
뉴스

ドラマ
(   )
드라마

サービス
(   )
서비스

KEY WORD

단어 읽기 정답

 名前 (なまえ) 이름	 高校生 (こうこうせい) 고등학생	 俳優 (はいゆう) 배우
 作家 (さっか) 작가	 選手 (せんしゅ) 선수	 警察官 (けいさつかん) 경찰관
 ニュース (にゅーす) 뉴스	 ドラマ (どらま) 드라마	 サービス (さーびす) 서비스

書いてみましょう

1 다음 예와 같이 일본어로 써 보세요. 본 책 83쪽

DATE : . .

예

高橋(たかはし)さんは 背(せ)が 高(たか)い

→ 高橋(たかはし)さんは 背(せ)が 高(たか)く なりました。

1

田中(たなか)さんは 立派(りっぱ)な サッカー選手(せんしゅ)だ

→ ____________________。

2

山下(やました)さんは 髪(かみ)が 長(なが)い

→ ____________________。

3

イさんは 英語(えいご)の 勉強(べんきょう)が 好(す)きだ

→ ____________________。

4

キムさんは 学校(がっこう)の 成績(せいせき)が いい

→ ____________________。

WORD

- 立派(りっぱ)だ 훌륭하다
- サッカー(soccer) 축구
- 選手(せんしゅ) 선수
- 髪(かみ) 머리, 머리카락
- 長(なが)い 길다
- 英語(えいご) 영어
- 勉強(べんきょう) 공부
- 好(す)きだ 좋아하다

한자 본책 85쪽

DATE : . .

作
지을 작

보기 作曲(さっきょく) 작곡

作 作

作家 さっか 작가	作家 さっか			

選
고를 선

보기 選出(せんしゅつ) 선출, 選択(せんたく) 선택

選 選

選手 せんしゅ 선수	選手 せんしゅ			

官
벼슬 관

보기 官庁(かんちょう) 관청, 器官(きかん) 기관

官 官

警察官 けいさつかん 경찰관	警察官 けいさつかん			

가타카나

ニュース
news 뉴스

ニュース		

ドラマ
drama 드라마

ドラマ		

5과 場所(ばしょ)を 教(おし)えて ください。 장소를 가르쳐 주세요.

KEY WORD 본책 87쪽

DATE : . .

아래 일본어를 어떻게 읽는지 ( )안에 히라가나를 써 보세요.

 漫画 ( ) 만화	 お茶 ( ) 차	 手紙 ( ) 편지
 美術 ( ) 미술	 自転車 ( ) 자전거	 地下鉄 ( ) 지하철
 ラジオ ( ) 라디오	 テニス ( ) 테니스	 パン ( ) 빵

KEY WORD

단어 읽기 정답

 漫画 (まんが) 만화	 お茶 (おちゃ) 차	 手紙 (てがみ) 편지
 美術 (びじゅつ) 미술	 自転車 (じてんしゃ) 자전거	 地下鉄 (ちかてつ) 지하철
 ラジオ (らじお) 라디오	 テニス (てにす) 테니스	 パン (ぱん) 빵

文法まとめ

문법 정리

빈칸에 써 보세요.

본책 91쪽

DATE :　　.　　.

て형 활용 연습

의미	동사	て형	의미	동사	て형
사다	買(か)う		쓰다	書(か)く	
만나다	会(あ)う		듣다, 묻다	聞(き)く	
노래하다	歌(うた)う		걷다	歩(ある)く	
사용하다	使(つか)う		일하다	働(はたら)く	
피우다, 빨다	吸(す)う		헤엄치다	泳(およ)ぐ	
기다리다	待(ま)つ		가다	行(い)く	
들다, 갖다	持(も)つ		이야기하다	話(はな)す	
타다	乗(の)る		보다	見(み)る	
찍다	撮(と)る		먹다	食(た)べる	
만들다	作(つく)る		일어나다	起(お)きる	
보내다	送(おく)る		자다	寝(ね)る	
돌아오다 (돌아가다)	帰(かえ)る		가르치다	教(おし)える	
죽다	死(し)ぬ		외우다, 기억하다	覚(おぼ)える	
읽다	読(よ)む		나오다 (나가다)	出(で)る	
마시다	飲(の)む		그만두다, 끊다	やめる	
쉬다	休(やす)む		걸다	かける	
놀다	遊(あそ)ぶ		오다	来(く)る	
부르다	呼(よ)ぶ		하다	する	

書いてみましょう

써 봅시다

다음 예와 같이 일본어로 써 보세요. 본책 101쪽

DATE :　　.　　.

1

手紙(てがみ)を 書(か)く

① 手紙(てがみ)を 書(か)いて います。
② 手紙(てがみ)を 書(か)いて ください。
③ 手紙(てがみ)を 書(か)いてから
④ 手紙(てがみ)を 書(か)いて みたいです。

1

地下鉄(ちかてつ)に 乗(の)る

① ＿＿＿＿＿＿＿＿＿＿。
② ＿＿＿＿＿＿＿＿＿＿。
③ ＿＿＿＿＿＿＿＿＿＿
④ ＿＿＿＿＿＿＿＿＿＿。

2

美術(びじゅつ)を 教(おし)える

① ＿＿＿＿＿＿＿＿＿＿。
② ＿＿＿＿＿＿＿＿＿＿。
③ ＿＿＿＿＿＿＿＿＿＿
④ ＿＿＿＿＿＿＿＿＿＿。

3

ラジオを 聞(き)く

① ＿＿＿＿＿＿＿＿＿＿。
② ＿＿＿＿＿＿＿＿＿＿。
③ ＿＿＿＿＿＿＿＿＿＿
④ ＿＿＿＿＿＿＿＿＿＿。

WORD

- 手紙(てがみ) 편지
- 地下鉄(ちかてつ) 지하철
- 美術(びじゅつ)を 教(おし)える 미술을 가르치다
- ラジオ(radio) 라디오

한 자 본책 103쪽

DATE : . .

紙 종이 **지**

보기 色紙(いろがみ) 색종이, 折(お)り紙(がみ) 종이접기

紙 紙

手紙	手紙			
てがみ 편지	てがみ			

美 아름다울 **미**

보기 美人(びじん) 미인, 美容(びよう) 미용

美 美

美術	美術			
びじゅつ 미술	びじゅつ			

地 땅 **지**

보기 地域(ちいき) 지역

地 地

地下鉄	地下鉄			
ちかてつ 지하철	ちかてつ			

가타카나

ラジオ

radio 라디오

ラジオ		

テニス

tennis 테니스

テニス		

＊ 표현 PLUS ＊ 果物(くだもの) 과일

りんご
사과

みかん
귤

なし
배

いちご
딸기

すいか
수박

ぶどう
포도

もも
복숭아

さくらんぼ
체리

かき
감

オレンジ
오렌지

キウイ
키위

パイナップル
파인애플

6과 どこに 住(す)んで いますか。 어디에 살고 있습니까?

KEY WORD 본책 105쪽

DATE : . .

아래 일본어를 어떻게 읽는지 (　　　　　　)안에 히라가나를 써 보세요.

 雨 (　　　　　　) 비	 雪 (　　　　　　) 눈	 結婚 (　　　　　　) 결혼
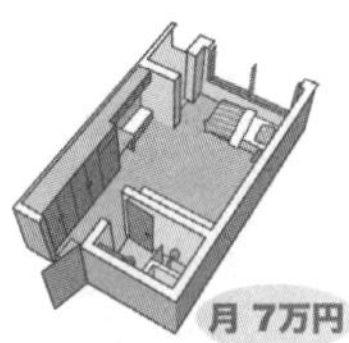 家賃 (　　　　　　) 집세	 寮 (　　　　　　) 기숙사	 引っ越し (　　　　　　) 이사
 ドア (　　　　　　) 문	 アパート (　　　　　　) 아파트	 マンション (　　　　　　) 맨션

KEY WORD

단어 읽기 정답

雨
(あめ)
비

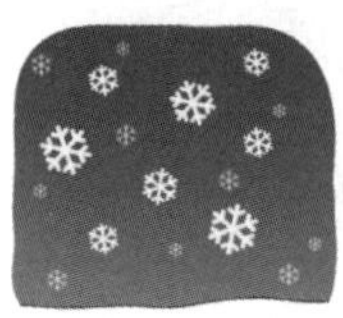

雪
(ゆき)
눈

結婚
(けっこん)
결혼

家賃
(やちん)
집세

寮
(りょう)
기숙사

引っ越し
(ひっこし)
이사

ドア
(どあ)
문

アパート
(あぱーと)
아파트

マンション
(まんしょん)
맨션

書いてみましょう

쓰 봅시다

다음 예와 같이 일본어로 써 보세요.　　본 책 115쪽　　DATE :　　.　　.

1

예

ホテルを 予約(よやく) しましたか。

→ はい、予約(よやく)しました。

いいえ、まだ 予約(よやく)して いません。

1

朝(あさ)ごはんを 食(た)べましたか。

→ ＿＿＿＿＿＿＿＿＿＿＿＿＿＿＿＿。

＿＿＿＿＿＿＿＿＿＿＿＿＿＿＿＿。

2

この 小説(しょうせつ)、 読(よ)みましたか。

→ ＿＿＿＿＿＿＿＿＿＿＿＿＿＿＿＿。

＿＿＿＿＿＿＿＿＿＿＿＿＿＿＿＿。

3

田中(たなか)さんは 来(き)ましたか。

→ ＿＿＿＿＿＿＿＿＿＿＿＿＿＿＿＿。

＿＿＿＿＿＿＿＿＿＿＿＿＿＿＿＿。

4

新(あたら)しい 携帯(けいたい)を 使(つか)いましたか。

→ ＿＿＿＿＿＿＿＿＿＿＿＿＿＿＿＿。

＿＿＿＿＿＿＿＿＿＿＿＿＿＿＿＿。

WORD

- ホテル(hotel) 호텔
- 予約(よやく) 예약
- 朝(あさ)ごはん 아침밥
- 小説(しょうせつ) 소설

한 자 본책 117쪽

DATE : . .

雪 눈 설

보기 雪見(ゆきみ) 눈구경, 雪国(ゆきぐに) 설국

雪 雪

雪 ゆき 눈	雪 ゆき			

婚 혼인할 혼

보기 新婚(しんこん) 신혼, 婚約(こんやく) 약혼

婚 婚

結婚 けっこん 결혼	結婚 けっこん			

賃 품삯 임

보기 賃貸(ちんたい) 임대, 運賃(うんちん) 운임

賃 賃

家賃 やちん 집세	家賃 やちん			

가타카나

アパート

apartment 아파트

アパート		

マンション

mansion 맨션

マンション		

7과 毎日(まいにち) 来(き)ても いいですか。 매일 와도 됩니까?

KEY WORD 본 책 119쪽

DATE : . .

아래 일본어를 어떻게 읽는지 ( )안에 히라가나를 써 보세요.

 お菓子 ( ) 과자	 人形 ( ) 인형	 恋人 ( ) 애인
 窓 ( ) 창문	 病院 ( ) 병원	 美術館 ( ) 미술관
 アニメ ( ) 애니메이션	 デザート ( ) 디저트	 レポート ( ) 리포트

KEY WORD

단어 읽기 정답

 お菓子 (おかし) 과자	 人形 (にんぎょう) 인형	 恋人 (こいびと) 애인
 窓 (まど) 창문	 病院 (びょういん) 병원	 美術館 (びじゅつかん) 미술관
 アニメ (あにめ) 애니메이션	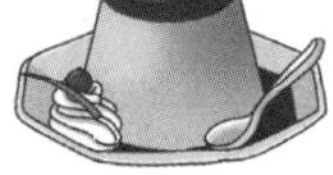 デザート (でざーと) 디저트	 レポート (れぽーと) 리포트

書いてみましょう

쓰 봅시다

다음 예와 같이 일본어로 써 보세요. 본책 129쪽

DATE : . .

1

예

お菓子(かし)を 食(た)べる

→ お菓子(かし)を 食(た)べても いいですか。

お菓子(かし)を 食(た)べては いけません。

1

家(うち)へ 帰(かえ)る

→ ______________________。

→ ______________________。

2

中山(なかやま)さんと 結婚(けっこん)する

→ ______________________。

→ ______________________。

2

예 雨(あめ)が 降(ふ)る → 明日(あした)は 雨(あめ)が 降(ふ)るかも しれません。

1 ちょっと 難(むずか)しい → この 問題(もんだい)は ______________。

2 もっと 野球(やきゅう)が 上手(じょうず)だ → あの 選手(せんしゅ)が ______________。

WORD

- お菓子(かし) 과자
- 家(うち)へ 帰(かえ)る 집에 돌아오다
- 結婚(けっこん) 결혼
- 雨(あめ)が 降(ふ)る 비가 오다
- 選手(せんしゅ) 선수
- もっと 좀 더
- 野球(やきゅう)が 上手(じょうず)だ 야구를 잘하다

한 자 본책 131쪽

DATE : . .

恋 그리워할 련

보기 初恋(はつこい) 첫사랑

恋	恋				

恋人 こい びと 애인	恋人 こい びと			

窓 창 창

보기 窓口(まどぐち) 창구, 窓側(まどがわ) 창가

窓	窓				

窓 まど 창문	窓 まど			

病 병 병

보기 病気(びょうき) 병, 伝染病(でんせんびょう) 전염병

病	病				

病院 びょう いん 병원	病院 びょう いん			

가타카나

アニメ

animation 애니메이션

アニメ		

レポート

report 리포트

レポート		

8과 授業(じゅぎょう)に 遅(おく)れて しまいました。

수업에 늦어버렸습니다.

KEY WORD 본책 133쪽

DATE : . .

아래 일본어를 어떻게 읽는지 ( ) 안에 히라가나를 써 보세요.

 魚 ( ) 생선	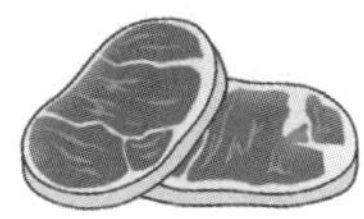 肉 ( ) 고기	 美容院 ( ) 미용실
 卒業 ( ) 졸업	 残業 ( ) 야근, 잔업	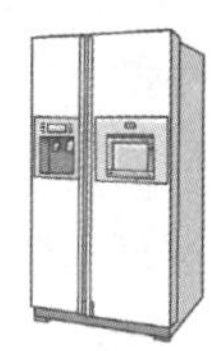 冷蔵庫 ( ) 냉장고
 ビール ( ) 맥주	 ダイエット ( ) 다이어트	 カラオケ ( ) 가라오케

KEY WORD

단어 읽기 정답

 魚 (さかな) 생선	 肉 (にく) 고기	 美容院 (びよういん) 미용실
 卒業 (そつぎょう) 졸업	 残業 (ざんぎょう) 야근, 잔업	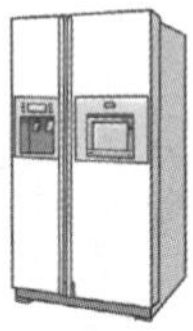 冷蔵庫 (れいぞうこ) 냉장고
 ビール (びーる) 맥주	 ダイエット (だいえっと) 다이어트	 カラオケ (からおけ) 가라오케

書いてみましょう

써 봅시다

다음 예와 같이 일본어로 써 보세요. 본 책 143쪽

DATE : . .

1

예

本(ほん)を 読(よ)む

① 本(ほん)を 読(よ)みすぎる。

② 本(ほん)を 読(よ)みなさい。

③ 本(ほん)を 読(よ)んでばかり います。

④ 本(ほん)を 読(よ)んで しまいました。

1

歌(うた)を 歌(うた)う

① ______________________。

② ______________________。

③ ______________________。

④ ______________________。

2

寝(ね)る

① ______________________。

② ______________________。

③ ______________________。

④ ______________________。

3

ビールを 飲(の)む

① ______________________。

② ______________________。

③ ______________________。

④ ______________________。

WORD

- 本(ほん)を 読(よ)む 책을 읽다
- 歌(うた)を 歌(うた)う 노래하다
- ビール 맥주

한자 본책 145쪽 DATE : . .

肉 고기 육

보기 牛肉(ぎゅうにく) 쇠고기, 豚肉(ぶたにく) 돼지고기

肉 肉

肉 にく 고기	肉 にく			

院 집 원

보기 病院(びょういん) 병원, 院長(いんちょう) 원장

院 院

美容院 びようい ん 미용실	美容院 びよういん			

庫 곳집 고

보기 倉庫(そうこ) 창고, 金庫(きんこ) 금고

庫 庫

冷蔵庫 れいぞうこ 냉장고	冷蔵庫 れいぞうこ			

가타카나

ビール

beer 맥주

ビール		

カラオケ

karaoke 가라오케

カラオケ		

9과 日本の 温泉へ 行った ことが ありますか。

일본의 온천에 간 적이 있습니까?

KEY WORD 본책 147쪽

DATE : . .

아래 일본어를 어떻게 읽는지 ( ) 안에 히라가나를 써 보세요.

 温泉 ( ) 온천	 お寺 ( ) 절	 薬 ( ) 약
 荷物 ( ) 짐	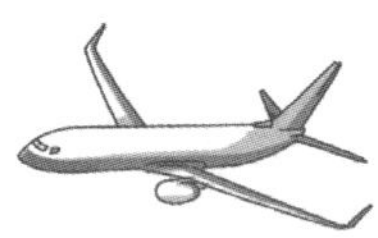 飛行機 ( ) 비행기	 交番 ( ) 파출소
 メモ ( ) 메모	 ペット ( ) 애완동물	 マラソン ( ) 마라톤

KEY WORD

단어 읽기 정답

 温泉 (おんせん) 온천	 お寺 (おてら) 절	 薬 (くすり) 약
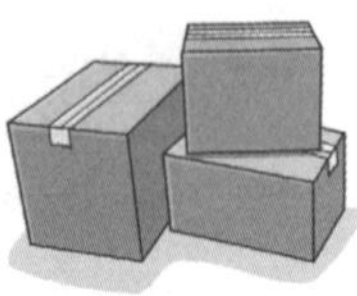 荷物 (にもつ) 짐	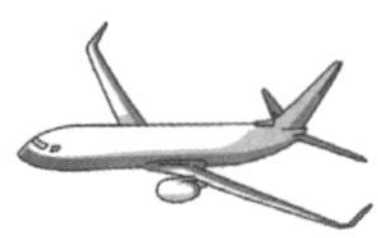 飛行機 (ひこうき) 비행기	 交番 (こうばん) 파출소
 メモ (めも) 메모	 ペット (ぺっと) 애완동물	 マラソン (まらそん) 마라톤

文法まとめ

문법 정리

빈칸에 써 보세요. 본 책 151쪽

DATE : . .

た형 활용 연습

의미	동사	た형	의미	동사	た형
사다	買(か)う		쓰다	書(か)く	
만나다	会(あ)う		듣다, 묻다	聞(き)く	
노래하다	歌(うた)う		걷다	歩(ある)く	
사용하다	使(つか)う		일하다	働(はたら)く	
피우다, 빨다	吸(す)う		헤엄치다	泳(およ)ぐ	
기다리다	待(ま)つ		가다	行(い)く	
들다, 갖다	持(も)つ		이야기하다	話(はな)す	
타다	乗(の)る		보다	見(み)る	
찍다	撮(と)る		먹다	食(た)べる	
만들다	作(つく)る		일어나다	起(お)きる	
보내다	送(おく)る		자다	寝(ね)る	
돌아오다 (돌아가다)	帰(かえ)る		가르치다	教(おし)える	
죽다	死(し)ぬ		외우다, 기억하다	覚(おぼ)える	
읽다	読(よ)む		나오다 (나가다)	出(で)る	
마시다	飲(の)む		그만두다, 끊다	やめる	
쉬다	休(やす)む		걸다	かける	
놀다	遊(あそ)ぶ		오다	来(く)る	
부르다	呼(よ)ぶ		하다	する	

書いてみましょう

다음 예와 같이 일본어로 써 보세요. 본책 159쪽

DATE :　　.　　.

1

예

宿題を する

① 宿題を したことが あります。

② 宿題を した方が いいです。

③ 宿題を したばかりです。

④ 宿題を した時

1

薬を 飲む

① ____________________。

② ____________________。

③ ____________________。

④ ____________________

2

メールを 送る

① ____________________。

② ____________________。

③ ____________________。

④ ____________________

3

映画を 見る

① ____________________。

② ____________________。

③ ____________________。

④ ____________________

WORD

- 宿題(しゅくだい) 숙제
- 薬(くすり)を 飲(の)む 약을 먹다
- メール(mail)を 送(おく)る 메일을 보내다

한 자 본책 161쪽

DATE : . .

温 따뜻할 온

보기 温度(おんど) 온도, 気温(きおん) 기온

温 温

温泉 おん せん 온천	温泉 おん せん			

機 틀 기

보기 機械(きかい) 기계, 機能(きのう) 기능

機 機

飛行機 ひ こう き 비행기	飛行機 ひ こう き			

交 사귈 교

보기 交通(こうつう) 교통, 交流(こうりゅう) 교류

交 交

交番 こう ばん 파출소	交番 こう ばん			

가타카나

メモ — memo 메모

メモ		

マラソン — marathon 마라톤

マラソン		

* 이제까지 배운 ます형 활용 총정리 *

~ます ~합니다	예 遊(あそ)びます 놉니다
~ました ~했습니다	遊(あそ)びました 놀았습니다
~ません ~하지 않습니다	遊(あそ)びません 놀지 않습니다
~ませんでした ~하지 않았습니다	遊(あそ)びませんでした 놀지 않았습니다
~ましょう ~합시다	遊(あそ)びましょう 놉시다
~ましょうか ~할까요?	遊(あそ)びましょうか 놀까요?
~ませんか ~하지 않겠습니까?	遊(あそ)びませんか 놀지 않겠습니까?
~たいです ~하고 싶습니다	遊(あそ)びたいです 놀고 싶습니다
~たく ないです ~하고 싶지 않습니다	遊(あそ)びたく ないです 놀고 싶지 않습니다
~に 行(い)く ~하러 가다	遊(あそ)びに 行(い)く 놀러 가다
~に 行(い)きたいです ~하러 가고 싶습니다	遊(あそ)びに 行(い)きたいです 놀러 가고 싶습니다
~方(かた) ~하는 법	遊(あそ)び方(かた) 노는 법
~ながら ~하면서	遊(あそ)びながら 놀면서
~やすい ~하기 쉽다	遊(あそ)びやすい 놀기 쉽다
~にくい ~하기 어렵다	遊(あそ)びにくい 놀기 어렵다
~すぎる 너무 ~하다	遊(あそ)びすぎる 너무 (많이) 놀다
~なさい ~하세요, ~하시오	遊(あそ)びなさい 노세요, 노시오

10과 音楽(おんがく)を 聞(き)いたり 運動(うんどう)を したり します。

음악을 듣거나 운동을 하거나 합니다.

KEY WORD 본책 163쪽

DATE :   .   .

아래 일본어를 어떻게 읽는지 (   ) 안에 히라가나를 써 보세요.

 服 ( ) 옷	 天気 ( ) 날씨	 楽器 ( ) 악기
 面接 ( ) 면접	 着物 ( ) 기모노	 地図 ( ) 지도
 ドレス ( ) 드레스	 ダンス ( ) 댄스	 サウナ ( ) 사우나

KEY WORD

단어 읽기 정답

 服 (ふく) 옷	 天気 (てんき) 날씨	 楽器 (がっき) 악기
 面接 (めんせつ) 면접	 着物 (きもの) 기모노	 地図 (ちず) 지도
 ドレス (どれす) 드레스	 ダンス (だんす) 댄스	 サウナ (さうな) 사우나

빈칸에 써 보세요.

본 책 167쪽

DATE : . .

たり형 활용 연습

의미	동사	たり형	의미	동사	たり형
사다	買(か)う		쓰다	書(か)く	
만나다	会(あ)う		듣다, 묻다	聞(き)く	
노래하다	歌(うた)う		걷다	歩(ある)く	
사용하다	使(つか)う		일하다	働(はたら)く	
피우다, 빨다	吸(す)う		헤엄치다	泳(およ)ぐ	
기다리다	待(ま)つ		가다	行(い)く	
들다, 갖다	持(も)つ		이야기하다	話(はな)す	
타다	乗(の)る		보다	見(み)る	
찍다	撮(と)る		먹다	食(た)べる	
만들다	作(つく)る		일어나다	起(お)きる	
보내다	送(おく)る		자다	寝(ね)る	
돌아오다 (돌아가다)	帰(かえ)る		가르치다	教(おし)える	
죽다	死(し)ぬ		외우다, 기억하다	覚(おぼ)える	
읽다	読(よ)む		나오다 (나가다)	出(で)る	
마시다	飲(の)む		그만두다, 끊다	やめる	
쉬다	休(やす)む		걸다	かける	
놀다	遊(あそ)ぶ		오다	来(く)る	
부르다	呼(よ)ぶ		하다	する	

書いてみましょう

써 봅시다

1 다음 예와 같이 일본어로 써 보세요. 본 책 175쪽

DATE :　　.　　.

예

地図を 見る, 人に 聞く

→ 地図を 見たり 人に 聞いたり します。

1

着物を 着る, ドレスに 着替える

→ ______________________________。

2

仕事は 忙しい, 暇だ

→ ______________________________。

3

交通は 便利だ, 不便だ

→ ______________________________。

4

午後から 晴れる, 曇る

→ ______________________________。

WORD

- 地図(ちず) 지도
- ドレス(dress) 드레스
- 着物(きもの) 기모노
- ~に 着替(きが)える ~로 갈아입다
- 仕事(しごと) 일
- 暇(ひま)だ 한가하다
- 晴(は)れる 맑다, 개다
- 曇(くも)る 흐리다

한 자 본책 177쪽

DATE : . .

服
옷 복

보기 洋服(ようふく) 양복, 制服(せいふく) 제복, 유니폼

服 服

服	服			
ふく 옷	ふく			

面
낯 면

보기 画面(がめん) 화면, 面積(めんせき) 면적

面 面

面接	面接			
めん せつ 면접	めん せつ			

着
붙을 착

보기 着(き)る 입다

着 着

着物	着物			
き もの 기모노	き もの			

가타카나

ドレス

dress 드레스

ドレス		

ダンス

dance 댄스

ダンス		

* 조사 정리 *

① ~は[wa] ~은/는	예 山田(やまだ)さんは 医者(いしゃ)じゃ ありません。 야마다 씨는 의사가 아닙니다.
② ~の ~의, ~의 것	예 それは リンさんの 辞書(じしょ)です。 그것은 링 씨의 사전입니다. 예 この 時計(とけい)は 私(わたし)のです。 이 시계는 제 것입니다.
③ ~も ~도	예 私(わたし)も 英語(えいご)の 先生(せんせい)です。 저도 영어 선생님입니다.
④ ~が ~이/가	예 あの人(ひと)が 山下(やました)さんですか。 저 사람이 야마시타 씨입니까?
⑤ ~から~まで ~부터~까지	예 授業(じゅぎょう)は 何時(なんじ)から 何時(なんじ)までですか。 수업은 몇 시부터 몇 시까지입니까?
⑥ ~と ~와/과	예 高橋(たかはし)さんと 私(わたし)は 友達(ともだち)です。 다카하시 씨와 저는 친구입니다.
⑦ ~より ~보다	예 昨日(きのう)より 寒(さむ)いですね。 어제보다 춥네요.
⑧ ~を ~을/를	예 毎朝(まいあさ) 運動(うんどう)をします。 매일 아침 운동을 합니다.
⑨ ~が 好(す)きだ/嫌(きら)いだ ~을/를 좋아하다/싫어하다 ~が 上手(じょうず)だ/下手(へた)だ ~을/를 잘하다/못하다	예 運動(うんどう)が 好(す)きですか。 운동을 좋아합니까? 예 日本語(にほんご)が 上手(じょうず)ですね。 일본어를 잘하는군요.
⑩ ~に ~에, ~에게 (장소)에 + 존재 동사 (시간, 날짜, 요일)에 (대상)에게	예 本(ほん)は どこに ありますか。 책은 어디에 있습니까? 예 7時(しちじ)に 会(あ)います。 7시에 만납니다. 예 友達(ともだち)に 電話(でんわ)を します。 친구에게 전화를 합니다.
⑪ ~で (장소)에서 (수단, 방법, 도구)로	예 会社(かいしゃ)の 前(まえ)で 待(ま)ちます。 회사 앞에서 기다립니다. 예 日本語(にほんご)で 話(はな)します。 일본어로 말합니다.
⑫ ~へ[e]+行(い)く/来(く)る/帰(かえ)る ~에(로) 가다/오다/ 돌아가(오)다	예 8時(はちじ)に 学校(がっこう)へ 行(い)きます。 8시에 학교에 갑니다.

11과 運転(うんてん)が できません。 운전을 못합니다.

KEY WORD 본 책 179쪽

DATE : . .

아래 일본어를 어떻게 읽는지 (　　　　　　) 안에 히라가나를 써 보세요.

 運転 (　　　　　　) 운전	 会話 (　　　　　　) 회화	 両替 (　　　　　　) 환전
 交換 (　　　　　　) 교환	 洗濯 (　　　　　　) 세탁	 野菜 (　　　　　　) 채소(야채)
 プール (　　　　　　) 풀장	 パソコン (　　　　　　) 컴퓨터	 ゲーム (　　　　　　) 게임

KEYWORD

단어 읽기 정답

 運転 (うんてん) 운전	 会話 (かいわ) 회화	 両替 (りょうがえ) 환전
 交換 (こうかん) 교환	 洗濯 (せんたく) 세탁	 野菜 (やさい) 채소(야채)
 プール (ぷーる) 풀장	 パソコン (ぱそこん) 컴퓨터	 ゲーム (げーむ) 게임

빈칸에 써 보세요. 본 책 183쪽

DATE : . .

가능형 활용 연습

의미	동사	가능형	의미	동사	가능형
사다	買う		쓰다	書く	
만나다	会う		듣다, 묻다	聞く	
노래하다	歌う		걷다	歩く	
사용하다	使う		일하다	働く	
피우다, 빨다	吸う		헤엄치다	泳ぐ	
기다리다	待つ		가다	行く	
들다, 갖다	持つ		이야기하다	話す	
타다	乗る		보다	見る	
찍다	撮る		먹다	食べる	
만들다	作る		일어나다	起きる	
보내다	送る		자다	寝る	
돌아오다 (돌아가다)	帰る		가르치다	教える	
죽다	死ぬ		외우다, 기억하다	覚える	
읽다	読む		나오다 (나가다)	出る	
마시다	飲む		그만두다, 끊다	やめる	
쉬다	休む		걸다	かける	
놀다	遊ぶ		오다	来る	
부르다	呼ぶ		하다	する	

1 다음 예와 같이 일본어로 써 보세요. 본책 191쪽

DATE :   .   .

예

交換(こうかん)を する

交換(こうかん)が できます。

交換(こうかん)が できません。

1

お酒(さけ)を 飲(の)む

________________________。

________________________。

2

ゲームを する

________________________。

________________________。

3

洗濯(せんたく)をする

________________________。

________________________。

4

車(くるま)を 止(と)める

________________________。

________________________。

WORD

- 交換(こう かん) 교환
- ゲーム (game) 게임
- 洗濯(せん たく) 세탁
- 車(くるま)を 止(と)める 차를 세우다

漢字・カタカナ練習

한자・가타카나 연습

한 자 본책 193 쪽

DATE : . .

運

옮길 운

보기 運動(うんどう) 운동, 運命(うんめい) 운명

運 運

運転	運転			
うん てん 운전	うん てん			

話

말씀 화

보기 電話(でんわ) 전화, 話題(わだい) 화제

話 話

会話	会話			
かい わ 회화	かい わ			

洗

씻을 세

보기 洗剤(せんざい) 세제, 洗濯機(せんたくき) 세탁기

洗 洗

洗濯	洗濯			
せん たく 세탁	せん たく			

가타카나

パソコン

personal computer 컴퓨터

パソコン		

ゲーム

game 게임

ゲーム		

＊ 표현 PLUS ＊ 野菜(やさい) 채소(야채)

きゅうり
오이

なす
가지

ねぎ
파

にんじん
당근

たまねぎ
양파

ほうれんそう
시금치

だいこん
무

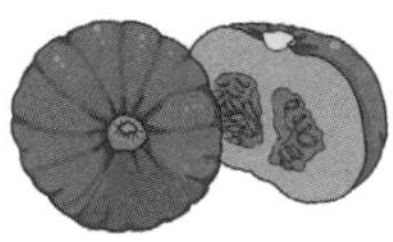

かぼちゃ
호박

はくさい
배추

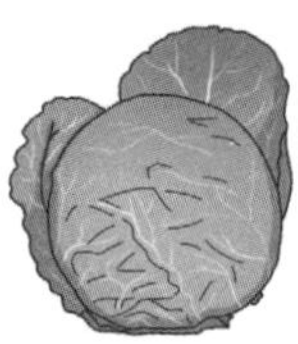

キャベツ
양배추

ピーマン
피망

ブロッコリー
브로콜리

12과 好(す)きだと 告白(こくはく)したんだ。 좋아한다고 고백했어.

KEY WORD 본책 195쪽

DATE :　　.　　.

아래 일본어를 어떻게 읽는지 (　　　　　　) 안에 히라가나를 써 보세요.

 告白 (　　　　　　) 고백	 成績 (　　　　　　) 성적	 落書き (　　　　　　) 낙서
 湖 (　　　　　　) 호수	 芸能人 (　　　　　　) 연예인	 新婚旅行 (　　　　　　) 신혼여행
 ノート (　　　　　　) 노트	 アルバム (　　　　　　) 앨범	 デザイン (　　　　　　) 디자인

KEY WORD

단어 읽기 정답

告白
(こくはく)
고백

成績
(せいせき)
성적

落書き
(らくがき)
낙서

湖
(みずうみ)
호수

芸能人
(げいのうじん)
연예인

新婚旅行
(しんこんりょこう)
신혼여행

ノート
(のーと)
노트

アルバム
(あるばむ)
앨범

デザイン
(でざいん)
디자인

文法まとめ

문법 정리

빈칸에 써 보세요. 본책 201쪽

DATE :　　.　　.

~んだ(んです)의 활용 연습

	현재형(반말 회화체) ~(な)んだ	현재형(정중 회화체) ~(な)んです	과거형(반말 회화체) ~たんだ	과거형(정중 회화체) ~たんです
友達(ともだち)だ 친구다				
趣味(しゅみ)だ 취미다				
好(す)きだ 좋아하다				
有名(ゆうめい)だ 유명하다				
おもしろい 재미있다				
楽(たの)しい 즐겁다				
行(い)く 가다				
食(た)べる 먹다				

書いてみましょう

쓰 봅시다

1 다음 예와 같이 일본어로 써 보세요. 본 책 209쪽

DATE :　　.　　.

예

銀行(ぎんこう)で 働(はたら)く

銀行(ぎんこう)で 働(はたら)くんだ(働(はたら)くの)。

銀行(ぎんこう)で 働(はたら)いたんだ(働(はたら)いたの)。

1

電車(でんしゃ)の 中(なか)で 音楽(おんがく)を 聞(き)く

______________________________。

______________________________。

2

犬(いぬ)と 散歩(さんぽ)する

______________________________。

______________________________。

3

2時間(じかん)も 待(ま)つ

______________________________。

______________________________。

4

美術館(びじゅつかん)の 前(まえ)で 写真(しゃしん)を 撮(と)る

______________________________。

______________________________。

WORD

- ～で 働(はたら)く ～에서 일하다
- 電車(でんしゃ) 전철
- 音楽(おんがく) 음악
- 散歩(さんぽ) 산책
- 2時間(にじかん)も 2시간이나
- 美術館(びじゅつかん) 미술관

한자 본책 211쪽

DATE : . .

成 이룰 **성**

보기 成功(せいこう) 성공, 成果(せいか) 성과

成 成

成績	成績			
せい せき 성적	せい せき			

告 알릴 **고**

보기 広告(こうこく) 광고, 告発(こくはつ) 고발

告 告

告白	告白			
こく はく 고백	こく はく			

能 능할 **능**

보기 性能(せいのう) 성능, 能力(のうりょく) 능력

能 能

芸能人	芸能人			
げい のう じん 예능인	げい のう じん			

가타카나

album 앨범

アルバム	アルバム		

design 디자인

デザイン	デザイン		

MEMO

MEMO

외국어 출판 45년의 신뢰
외국어 전문 출판 그룹
동양북스가 만드는 책은 다릅니다.

45년의 쉼 없는 노력과 도전으로 책 만들기에 최선을 다해온
동양북스는 오늘도 미래의 가치에 투자하고 있습니다.
대한민국의 내일을 생각하는 도전 정신과 믿음으로 최선을 다하겠습니다.